以色列与"一带一路"
角色与前景

李玮 ◎ 著

ISRAEL AND BELT & ROAD INITIATIVE
Role and Prospects

时事出版社
北京

图书在版编目（CIP）数据

以色列与"一带一路"：角色与前景/李玮著．—北京：时事出版社，2018.2
ISBN 978-7-5195-0168-6

Ⅰ.①以… Ⅱ.①李… Ⅲ.①"一带一路"—国际合作—研究—中国、以色列 Ⅳ.①F125.538.2

中国版本图书馆 CIP 数据核字（2017）第 308293 号

出 版 发 行：时事出版社
地　　　址：北京市海淀区万寿寺甲 2 号
邮　　　编：100081
发 行 热 线：（010）88547590　88547591
读者服务部：（010）88547595
传　　　真：（010）88547592
电 子 邮 箱：shishichubanshe@sina.com
网　　　址：www.shishishe.com
印　　　刷：北京朝阳印刷厂有限责任公司

开本：787×1092　1/16　印张：12.75　字数：203 千字
2018 年 2 月第 1 版　2018 年 2 月第 1 次印刷
定价：80.00 元

（如有印装质量问题，请与本社发行部联系调换）

目录 CONTENTS

第一章　政治经济篇 …………………………………………………（1）
　　第一节　坎坷前行的建交之路 ……………………………………（1）
　　第二节　建交后的中以政治关系发展 ……………………………（18）
　　第三节　建交后的中以经贸关系发展 ……………………………（34）

第二章　人文教育篇 …………………………………………………（44）
　　第一节　中以文明的文化渊源 ……………………………………（44）
　　第二节　中以两国教育领域的交流与合作 ………………………（54）
　　第三节　中以两国的旅游产业的发展 ……………………………（70）

第三章　地区关系篇 …………………………………………………（81）
　　第一节　以色列同埃及的双边关系 ………………………………（81）
　　第二节　以色列同土耳其的双边关系 ……………………………（93）
　　第三节　以色列同沙特的双边关系 ………………………………（103）
　　第四节　以色列同伊朗的双边关系 ………………………………（112）

第四章　科技创新篇 …………………………………………（123）
第一节　以色列科技创新的发展概况 ……………………（125）
第二节　以色列的科技创新优势 …………………………（131）
第三节　"一带一路"倡议下中以科技创新合作的实践……（151）

第五章　农业优势篇 …………………………………………（158）
第一节　以色列农业发展概述 ……………………………（158）
第二节　现代化的以色列农业 ……………………………（164）
第三节　"一带一路"框架下的中以农业合作 ……………（179）

附录　中以建交以来的双边重要往来 ………………………（193）

后记 ……………………………………………………………（196）

第一章 政治经济篇

中国和以色列分属亚洲大陆的东西端，中华民族和犹太民族都拥有历史悠久的文明，长期以来保持了友好的关系和往来，中国也是从来没有反犹排犹历史的国家。犹太民族饱受2000年流散之苦，中华民族在近代以来多次遭遇列强的欺压掠夺，双方对彼此的遭遇感同身受。即使在积贫积弱之际，于"丛林法则"盛行的时代，中国依然保持了和平善良的民族秉性，在第二次世界大战中接纳了超过5万名来自德国的犹太难民，犹太人也一直为此深深感激。

第一节 坎坷前行的建交之路

（一）友好无碍的接触

以色列于1948年宣布建国，中华人民共和国于1949年建国，但早在新中国建立之前，1948年5月27日，华北解放区的《冀中导报》就刊登了以色列建国的消息："定名为'以色列'的新犹太国家，于14日宣告成立。2000年来没有祖国而到处流浪受着侮辱与屠杀的犹太人民，他们要求建立犹太国家的愿望，开始实现了。"① 这事实上代表了中国共产党政权对以色列国家的承认。当时的中国在中东地区没有传统和现实的利益诉求，而以色列建国凭借的联合国第 224 号决议是苏联所赞成的，初建国的以色列政权也有着很多社会主义的特征，所以中国共产党对其抱有好感，认为巴勒斯坦战争是英国人指使阿拉伯国家政府发动的反犹战争，以色列值得同情和支持。

新中国建立之后，以色列是第 7 个承认新中国政权的非社会主义国家（其他 6 个国家是缅甸、印度、锡兰/斯里兰卡、巴基斯坦、英国和挪威），也是中东地区第一个承认新中国的国家。以色列于 1950 年 1 月 9 日正式宣布承认新中国，并断绝了和台湾当局的外交关系，外长摩西·夏里特致电中国总理兼外交部长周恩来："我很荣幸通知阁下，以色列政府决定承认贵国政府为中国合法政府。"周恩来回电表示"欢迎和感谢"。《人民日报》1950 年 1 月 17 日在头版报道了这一消息，使用的标题是"以色列、阿富汗、芬兰决与我国建外交关系，周外长分别复电表示欢迎"。② 以色列之所以选择这么快承认新中国，是多方因素作用的结果。以色列学者认为主要出于以下几点原因：

第一，以色列政府早在新中国成立前就意识到中华民国的虚弱，中华人民共和国政府必定是中国大陆事实上的合法政府。第二，滞留在中国的犹太人的命运以及已离开的犹太移民的房地产如何立约交还给以色列等一系列重大问题，都需要同中华人民共和国进行谈判。第三，以色列考虑到自己领土上还有一些巴勒斯坦居住区，承认中国分裂就等于承认加利利和内盖夫的巴勒斯坦居民区可以脱离以色列并入约旦或者并入一个独立的巴勒斯坦国，以色列的缔造者们不希望开此先例而授人以柄。第四，在 40 年代，以色列是带有社会主义性质的犹太国家，因此许多犹

---

① 《冀中导报》，1948 年 5 月 27 日。
② 《中华人民共和国对外关系文件集（1945—1950）》第一集，世界知识出版社 1957 年版，第 22 页。

第一章 政治经济篇

太人认为与中国发展关系具有十分重要的意义。①

很显然，以色列承认新中国不是心血来潮，而是考量国家利益后的理性决策。新建立的以色列作为"阿拉伯海洋"包围中的"犹太民族孤岛"，面临着极其恶劣的国家安全环境和存亡危险，维护国家生存是其当时最迫切的诉求，而单凭以色列一国之力是远远不够的，所以争取国际社会的承认和大国的支持是其对外战略中的核心。阿拉伯国家不承认以色列国家建立的合法性，在巴勒斯坦战争中声称要将以色列"赶到大海里"，以色列不仅需要其他国家的承认，更需要大量的移民和资金来建设和保卫国家，从长远来讲，以色列的生存也必然要依靠域外大国的强力支持。以色列建国初始，承认它的亚洲国家只有6个。以色列国父本·古里安认识到新中国是一个极具发展潜力的大国，和新中国建交是符合以色列长远利益的，而且以色列和中国之间也没有矛盾阻碍双方的走近。

中国方面当时也在寻求国际社会特别是第三世界国家的承认，但阿拉伯国家普遍反对共产主义意识形态，受西方的反共宣传影响敌视社会主义中国，并不承认新中国，阿拉伯联盟甚至通过了特别决议，要求其成员国不得承认新中国，因此中国也不会因为考虑阿以之间的敌对关系而将以色列拒之门外。根据《共同纲领》，当时中国的外交原则是：对中华人民共和国采取友好态度的外国政府，中华人民共和国中央人民政府可在平等、互利及互相尊重领土主权的基础上，与之谈判，建立外交关系。② 以色列并没有追随美国敌视新中国的政策，而是承认了新中国并断绝了和台湾当局的关系，双方之间的建交并不存在直接障碍。

以色列国家的建立是美苏共同支持的结果，1947年联合国《巴以分

---

① [美]高斯坦著，肖宪译：《中国与犹太——以色列关系100年》，中国社会科学出版社2006年版，第20—21页。
② 邓力群、马洪、武衡主编：《当代中国外交》，中国社会科学出版社1987年版，第5页。

治决议》的投票中，美苏都投了赞成票并说服和得到了许多国家的支持；在巴勒斯坦战争中，美国出面通过了停火决议，苏联向以色列提供和迁移了大量军火和犹太移民，因此自1948年5月14日以色列建国后近两年中，以色列奉行独立和不结盟的外交政策，希望通过这样的路线，向世界各国敞开大门，摆脱外交上的孤立。① 以色列希望和苏联保持友好关系，一方面是美苏双方的矛盾冲突在亚洲还没有进入强对抗的状态，另一方面也是考虑到苏联及其影响下的东欧国家的大量犹太人。当时，全世界的犹太人中，有1/5居住在以色列，1/3居住在美国，剩余的大多数生活在苏东。② 以色列认为自己对世界上所有犹太人负有责任和义务，也希望得到各种意识形态犹太人的帮助，为了争取大量的犹太移民和资金来建设以色列这个百废待兴的国家，同时获得美苏的支持帮助以对抗周边的阿拉伯国家，保持中立的不结盟政策是当时以色列最好的选择。③ 20世纪50年代初期，美以同盟关系还没有建立起来，以色列并不完全追随美国的脚步，中国也在阿以冲突中保持了中立，双方的建交问题并没有实质性障碍。

（二）东亚安全形势变化的影响

1950年6月，中以双方通过中国驻苏大使馆和以色列驻苏大使馆商谈双方建交的事宜，然而随着6月25日以后东亚安全局势的急剧变化，美苏两大阵营之间的关系紧张起来，东亚局势顿时模糊不清，以色列也因之放缓了和中国建交的事宜。因为通过和美国、苏联的接触，以色列逐渐认识到加强同美国的关系，才是实现以色列国家利益最大化的有效

---

① Jonathan Goldstein, *China and Israel: 1948 – 1998*, Westport: Praeger Publishers, 1999, p. 84.
② 潘光旦：《中国境内犹太人的若干历史问题》，北京大学出版社1983年版，第5页。
③ Uri Bialer, *Between East and West: Israel's Foreign Policy Orientation 1948 – 1956*, Cambridge: Cambridge University Press, 1990, p. 206.

第一章 政治经济篇

途径。① 6月底，以色列外交部通知以驻苏代表："政府原则上已决定同人民中国建立外交关系，但在远东局势明朗之前，暂不要在此方面采取进一步行动。何时采取下一步行动请等外交部指示。"② 10月，随着军事行动的展开，中美之间明显敌对，以色列对和中国建交的态度也随之变化。东亚安全态势的恶化迫使以色列不得不考虑在美苏之间选边站的问题，最终美国成了以色列倾向的对象，以色列内阁中有人提出在政治和外交上支持韩国，总理本·古里安（David Ben Gurion）甚至提出要派遣军队加入美国一方，因遭到其他成员的反对而作罢。1951年2月，美国操纵联合国大会通过决议指责中国是"侵略者"，在此决议中以色列投了赞成票。③ 最后以色列派出医疗队加入了联合国的行动，这也标志着以色列在美苏两大阵营中从中立走向美国阵营。本·古里安后来承认以色列的这些做法"仅仅是出于美国的因素"。以色列外长夏里特和驻联合国大使阿巴·埃班后来也都承认，在这一决策中"美国因素"是不可忽视和不可抗拒的。④

尽管以色列建国之初有很多的社会主义色彩，例如农业联合生产模式的基布兹农场，但它在政治体制上始终是西方模式的国家，其经济结构的主要成分也是依赖欧美市场的进出口贸易，西方国家特别是美国还可以提供大量的经济援助，这使得以色列和美国之间的密切关系是无法分离的。由于以色列特殊的地缘政治环境，可以说它是一个强大和脆弱兼具的国家，以色列对外政策的目标主要是维护以色列的安全，这其中，其他国家犹太人和大国的物质支持极其重要，而美国的作用更是不可替代，美国的外交配合是以色列在巴勒斯坦战争中获胜的重要因素。以色列前外交部长阿巴·埃班曾说："在决定生命攸关的问题上，以色列几

---

① E. Zev Sufott, "Israel's China Policy 1950–92", *Israel Affairs*, 2000, p. 94.
② 肖宪：《中东国家通史·以色列卷》，商务印书馆2001年版，第314页。
③ Jonathan Goldstein, *China and Israel：1948–1998*, Praeger Publishers, Westport, 1999, p. 89.
④ Michael Brecher, *Decisions in Israel's Foreign Policy*, London, Oxford University Press, 1974, p. 122.

乎都可以得到美国的帮助。"① 在分治决议通过前，杜鲁门总统示意美国驻联合国代表支持联合国把内格夫沙漠划入犹太国的议案，这对以色列领土意义重大。② 以色列建国之前，美国进出口银行向以色列临时政府提供了1亿美元的贷款，③ 在以色列建国后16分钟，美国政府随即宣布"在事实上承认以色列临时政府"，④ 并向以色列紧急提供了1亿美元的贷款。在之后的巴勒斯坦战争中，美国在以色列危急之际出面主持通过了第一次停火决议，并通过联合国决议迫使英国不得向阿拉伯国家提供军火，为以色列扭转战争局势起到了关键作用。战后的以色列国家建设中，美国又向以色列提供了大量贷款和援助。1951年秋，美国通过进出口银行向以色列发放了3500万美元的贷款，美国政府还向以色列拨来了2000万美元的食品。同年，以色列被列入美国草拟的"享受技术援助国名单"，美国财政部按国会决定，报请总统核准后，向以色列提供6495万美元的无偿赠款。⑤ 在美国国内犹太人影响下，美国对以色列的支持可见一斑。正如本·古里安所说："美国已处于世界领导者的地位，在那里有最大、最有影响的犹太人聚居中心。"⑥ 毫不夸张地说，以色列国家的建立和维续，都仰赖美国的支持和援助。

相比美国，中国对以色列的价值和意义就不足为虑了。正如以色列首任驻华大使泽夫·苏赋特（E. Zev Sufott）所言，中国从来没有在以色列的对外政策议程中占有优先的地位；相反，以色列对中国的政策一直受到别的地区优先政策和利益的影响，有时甚至是受其支配的。⑦ 以色列政府整体环境是亲美的，而中国既不能提供大量的移民和资金来建设

---

① 徐向群、余崇健主编：《第三圣殿——以色列的崛起》，上海远东出版社1994年版，第328页。
② 徐焕忱：《以色列百年风云》，人民文学出版社2000年版，第123页。
③ 同上书，第217页。
④ 肖宪：《中东国家通史·以色列卷》，商务印书馆2001年版，第131页。
⑤ 徐焕忱：《以色列百年风云》，人民文学出版社2000年版，第330页。
⑥ 徐向群、余崇健主编：《第三圣殿：以色列的崛起》，上海远东出版社1994年版，第85页。
⑦ E. Zev Sufott, *Israel's China Policy* 1950 – 92, Israel affairs, 2000, p. 94.

第一章 政治经济篇

以色列，也不能保护以色列的国家生存和领土安全，因为中美的敌对关系，很多人反对和中国建交以免损害美以关系，时任以色列驻美大使兼外交部长阿巴·埃班就是典型代表。

（三）接触中的反复尝试

因为中美间明显的敌对姿态，以色列担心与中国建交会影响美以关系，虽然中以双方通过驻缅甸大使进行接触，但是一直没有什么进展，中以之间的建交问题开始受到美国因素的影响。1953 年 12 月，中国驻缅甸大使姚仲明与以色列新任驻缅大使大卫·哈科恩（David Hacohen）取得联系，并进行了一系列对话。这种对话日趋频繁，并逐渐沿着现实性与建设性的路线发展。① 1954 年 6 月，周恩来总理参加日内瓦会议回国途中访问了缅甸，会见了以色列驻缅甸大使大卫·哈科恩，并邀请他访华。周恩来总理在 1954 年 9 月第一届人大做《政府工作报告》时宣布：我国同阿富汗和以色列建立正常关系的事宜正在接触中。②

然而以色列的态度却时有反复，中方向以色列发出派代表团访问中国以讨论建交事宜的邀请后，1955 年 1 月 27 日，以色列代表团在驻缅甸大使大卫·哈科恩率领下访华，以色列外交部亚洲司司长丹尼尔·列文随团访华。同时美国向以色列施压，反对以色列和中国接触。以色列政府对以色列访华代表团的指示是：在关于双边贸易之外的任何问题上要保持谨慎。③ 该代表团回去后建议以色列政府与中国建交，以色列政府由于担心中以建交会影响到它与美国的关系而作罢。因为此时以色列正寻求美国的支持，1955 年 2 月本·古里安回到内阁，支持以色列与美

---

① ［美］高斯坦著，肖宪译：《中国与犹太—以色列关系 100 年》，中国社会科学出版社 2006 年版，第 105 页。
② 肖宪：《中东国家通史·以色列卷》，商务印书馆 2001 年版，第 314 页。
③ E. Zev Sufott, *A China Diary: Towards the Establishment of China-Israel Diplomatic Relations*, Frank Cass Publish, London, 1997, p. Ⅶ.

国订立防务条约。4月,夏里特与美国国务卿杜勒斯接触,要求美国保证以色列领土完整,并向以色列提供武器装备。① 可以说,在1955年万隆会议召开之前,中国方面一直试图和以色列解决建交问题,但以方却犹豫不决,被政府内亲美势力和美国的态度绊住了手脚,最终错失了良机。

中方的努力没有得到结果,之后万隆会议的召开使得中以之间的建交之路彻底走向了搁置的方向。万隆会议拒绝了以色列的参加请求,中以之间没有直接对话,相反中国和阿拉伯国家在会议中增进了彼此的了解,化解了矛盾,中国开始支持阿拉伯国家在巴勒斯坦问题上的立场。会议期间,周恩来广泛接触阿拉伯国家的代表,并对阿拉伯国家面临的问题予以支持,支持埃及收复苏伊士运河,支持巴勒斯坦问题的解决日程化。② 1955年4月19日,周恩来总理在万隆会议上发言时指出:"在巴勒斯坦的阿拉伯难民问题还没有解决。"③ 更重要的是,中国通过万隆会议了解到阿拉伯国家抵制与以色列关系的要求。④ 和那么多阿拉伯国家相比,以色列的分量明显不足,当中国和阿拉伯国家化解了矛盾和误解以后,中国和以色列的建交就不得不考虑阿拉伯国家的因素了。正如彭树智先生所言:"万隆会议增进了中阿之间的了解,成为开启中阿关系之门的钥匙。"⑤ 万隆会议之后,1956年中国先后同埃及、叙利亚、也门建交。1956—1965年,中国同十个阿拉伯国家建立了外交关系。⑥ 中国和阿拉伯国家的关系如火如荼,和以色列自然就冷了下来,即使以色列决心和中国建立关系,但中国却需要重新斟酌了。1955年4月29日,

---

① [以]米迦乐·巴尔·祖海尔著,刘瑞祥、杨兆文等译:《现代以色列之父——本·古里安传》,中国社会科学出版社1994年版,第264页。
② 安惠侯等主编:《丝路新韵:新中国和阿拉伯国家50年外交历程》,世界知识出版社2006年版,第8页。
③ 《新华日报》,1955年4月。
④ E. Zev Sufott, *A China Diary: Towards the Establishment of China-Israel Diplomatic Relations*, p. IX.
⑤ 彭树智主编:《阿拉伯国家史》,高等教育出版社2002年版,第446页。
⑥ 杨福昌:《发扬传统友谊再创辉煌未来》,《西亚非洲》2006年第6期,第9页。

第一章 政治经济篇

丹尼尔·列文两次致电中国外交部，明确表示以色列希望同中国建立外交关系。但此时中国已开始调整对中东的政策，周恩来总理就中以关系指示道："同以色列缓建交，但可保持贸易关系。"5月21日中国外交部电示驻缅甸使馆："我虽准备同以色列建交，但目前我国同阿拉伯国家开展关系，时机上应稍缓。"① 这显然是友好的不明确表态，事实上考虑到阿以矛盾的长期性和复杂性，中国要争取第三世界国家的友谊，从国家利益出发，当然要着眼于"阿拉伯国家这一大片"，既然向阿拉伯国家倾斜，那别说和以色列建交了，在阿以之间保持中立都不再现实，最终中国选择了支持阿拉伯国家的政策。

万隆会议之后，中国虽然和阿拉伯国家和解，但并没有因之反对以色列，毕竟中国和以色列不存在敌对矛盾，但苏伊士运河战争彻底改变了中国的态度。中国一直鼓励广大亚非拉地区争取独立的民族解放运动，并支持他们维护和争取自身国家利益的行为，1956年7月，埃及宣布苏伊士运河国有化，中国政府声明"完全支持埃及政府这一维护自己主权和独立的正义行动"。② 但英国并不甘心失去对苏伊士运河这条国际战略航道的控制，意图继续维持自己在亚洲的殖民统治，于是英国暗中联合法国和以色列，打算由以色列对埃及发动军事攻击，英法借调停埃以战争的理由重新实现对苏伊士运河的军事控制。10月29日和30日，以色列、英国和法国发动了对埃及的苏伊士运河战争，中国政府坚决支持埃及，强烈反对英、法、以三国的行动。同时中国政府向埃及政府无偿捐赠2000万瑞士法郎，把以色列看作"帝国主义的工具"。③ 以色列在苏伊士运河战争中的选择不仅继续恶化了自己在阿拉伯国家眼里的形象，也极大地影响了第三世界国家对以色列的看法，新中国建立以来一直坚决反对帝国主义列强的强权和霸权行为，至此中国开始了亲阿反以的"一边倒"政策。此后，中国禁止同以色列的所有官方接触，包括贸易、

---

① 肖宪：《中东国家通史·以色列卷》，商务印书馆2001年版，第316页。
② 尹崇敬主编：《中东问题100年》，新华出版社1999年版，第465页。
③ 同上书，第469页。

通讯等。① 中国和以色列的关系进入了长达三十年的"冰冻期"。

长期以来,我们思考中国和以色列这两个远隔万里没有双边冲突的国家为何没有成功建立外交关系?特别是1949—1956年这段时间,中以建交的谈判工作在各种因素和事件的影响下没有结出果实,到底是什么原因导致了建交的失败?我们可以从国际环境和国家战略这两个层面来考虑。战后的美苏冷战深刻地冲击着国际政治的进程,也强有力地塑造了诸多国家的关系与行为,这种冷战的竞争与敌对态势从1947年以来不断强化,在这样强对抗的两极体系中,大国和小国都没有选择中立的资本,只能从属于或间接从属于某一阵营。所以中国在反美的道路上不断前进,以色列从中立向西方阵营不断倾斜,双方的阵营沟壑一旦形成,就不再有建交的机会。从国家层次来看,以色列国小人少,面对仇视自己的广大阿拉伯国家,只能依靠域外大国的经济和军事援助,美国也需要一个中东地区的坚定盟友,以色列就是最好的选择。随着苏联逐渐倾向阿拉伯国家,以色列和美国的盟友关系也确定下来,而遥远的中国能带给以色列的价值远远不足与美国相比,由于中美在朝鲜战争之后的敌对关系,以色列也就绝不会冒着触怒美国的风险去和中国建交。新中国也是一个在积贫积弱的基础上建立起来的国家,而且此时也没有获得联合国的合法席位,亟待苏联的援助和第三世界国家的承认,反对美国霸权主义、帝国主义和支持亚非拉民族解放运动是新中国一贯的态度,中以关系的份量和中国的外交原则完全不能等同,中国自然不会因为以色列改变反美的政策,万隆会议之后中阿友好关系的确立更是断绝了中以建交的大门。

(四) 冰冻的 20 年

从50年代后期到80年代初的20多年里,中以之间的官方关系始

---

① [美] 高斯坦著,肖宪译:《中国与犹太—以色列关系100年》,中国社会科学出版社2006年版,第134页。

第一章 政治经济篇

终断绝，即使以色列共产党和中国共产党依然保持联系，但双方国家间的关系是冷淡疏离的，由于冷战国际格局的影响，中以双方甚至存在一定程度的敌视关系。

毫无疑问，中以、中阿之间的关系是服从于中国针对第三世界整体外交的大局的。从1958年开始，中苏关系不断恶化，双方互相指责，中国将苏联视作"苏联修正主义"，毛主席提出要争取第三世界国家的支持，用两个拳头同时反对"美帝"和"苏修"。在这样的大战略下，整个60年代，中国政府"积极支持亚洲、非洲、拉丁美洲的民族解放运动"。① 而在中东地区，中国继续保持同有关中东国家的关系，支持中东地区的民族解放运动，特别是支持以武装斗争为手段的民族主义力量，保持自己在中东地区的影响，并依靠它们来开展反苏和反美的斗争。② 60年代，中国政府不断向阿拉伯世界传达友好的信息，中阿贸易额不断增加，中国对阿援助也有所增加。③ 在这些武装斗争的民族主义力量中，巴勒斯坦解放组织的建立和活动特别得到中国的支持和赞同。1965年3月，巴解组织执委会主席舒凯里访华，中共中央主席毛泽东、国家主席刘少奇、国务院总理周恩来分别会见了舒凯里。双方签署的联合声明指出："巴勒斯坦问题的实质，是以美国为首的帝国主义和犹太复国主义的侵略与巴勒斯坦阿拉伯人民和阿拉伯各国人民的反侵略问题。""中国方面将尽一切努力从政治方面和其他方面支援巴勒斯坦阿拉伯人民返回家园的斗争。"中国还同意巴解组织在北京设立办事处。④

中阿友好关系的推进和中以关系的恶化是相辅相成的。60年代中国政府谴责"美帝国主义是支持以色列对阿拉伯国家进行侵略的罪魁祸首，是阿拉伯各国人民最凶恶的敌人。"以色列是"帝国主义的走狗"。⑤

---

① 《周恩来外交文选》，中央文献出版社1990年版，第374页。
② 肖宪：《世纪之交看中东》，时事出版社1998年版，第425页。
③ Yitzhak Shichor, *The Middle East in China's Foreign Policy* 1949—1977, Cambridge University Press, London, 1979, pp. 111 - 114.
④ 尹崇敬主编：《中东问题100年》，新华出版社1999年版，第473—476页。
⑤ 同上书，第476页。

中国将以色列视作"犹太复国主义实体",反对其作为国家在中东地区的生存,认为其和"美帝国主义"沆瀣一气,侵略和欺压阿拉伯人民,在这样的认知状态下,即使以色列主动要求,中国也不会和以色列建交。1963年8月2日,针对美、英、苏一周前签署的部分停止核试验的条约,周恩来总理致函各国政府首脑,建议召开世界各国首脑会议,讨论全面禁止和彻底销毁核武器问题,以色列总理艾希科尔也收到了周恩来签署的正式函件。艾希科尔在回函中表达了同中国建交的愿望但没有得到答复。① 1965年以色列总理再次写信给中国总理,邀请中国派代表团商谈两国关系正常化问题,中国仍然没有答复。② 很明显,在当时的环境下,中国方面不存在和以色列建交的诉求和可能。

随着以色列的发展和安全形势的改善,以色列逐渐摆脱了对美国的完全追随和听从,美国因素阻碍以方推进中以建交的影响越来越小,与之相反,中阿关系越来越成为阻碍中以建交的关键权重。虽然中方对中以建交的态度很冷淡,但以色列依然一直寻求和中国的友好建交。1965年由于巴解组织在北京办事处的建立,以色列做出了外交上的反制来对抗中国。1965年在关于中国恢复联合国合法席位的问题上,以色列强烈反对驱逐台湾当局。③ 然而国际局势很快改变了以色列的态度。1967年6月5日,以色列发动了对埃及、叙利亚和约旦的军事侵略,占领了西奈半岛、戈兰高地、约旦河西岸和耶路撒冷旧城,彻底改善了以色列的战略劣势。以色列虽然取得了空前的军事胜利和战果,却也遭到了国际上的空前指责和孤立。"六五战争"后,以色列觉得自己在国际社会上"受到了多余的继子般的待遇"④。以色列迫切寻求第三世界国家的外交

---

① 《周恩来与艾希科尔信件往来》,以色列国家档案馆,外交部档案号3426/16-17。转引自殷罡:《中国与以色列关系六十年评述》,《西亚非洲》2010年第4期,第34页。
② E. Zev Sufott, *Israel's China Policy* 1950-92, Israel affairs, 2000, p.106.
③ [美] 高斯坦著,肖宪译:《中国与犹太—以色列关系100年》,中国社会科学出版社2006年版,第26页。
④ [以] 果尔达·梅厄著,章仲远、李佩玉译:《梅厄夫人自传》,新华出版社1986年版,第303页。

谅解，中国的态度和影响力也就极其重要。以色列外交部长佩雷斯认为"让中国进入联合国，确保所有的大国都承认中国，可以使中国更为负责，由此可以减轻中国对以色列的敌意。"① 在1971年10月第26届联大关于驱逐台湾当局、恢复中国政府合法席位的关键性表决中，以色列投了赞成票。② 很遗憾，以色列在联大决议中的支持并不足以改变中方对中以关系的衡量判断。1971年11月意大利社会党领袖彼得罗·南尼应邀访问中国，他把以色列外长梅厄夫人的信件带给了周恩来，并向中国领导人阐述了以色列的立场，但中国领导人对此不感兴趣。③ 1971年10月28日，周恩来总理正式宣布中国不打算与以色列建交。他说："在投票支持阿尔巴尼亚提案的国家中，有一些国家是不能与中国建立正式外交关系的，尽管它们的人民与中国人民是友好的，比如以色列。以色列在1967年进行了侵略战争，而且一直没有解决这个问题。鉴于这种情况，尽管以色列投了支持中国的一票，中国仍不能与其建立外交关系。"④ 显然，在以色列和阿拉伯国家普遍敌对的情况下，中国不会冒着引发阿拉伯国家反对的风险去和以色列建交。

（五）时代趋势下的建交

70年代中国对以色列的态度有一个耐人寻味的变化。邓小平提出，不再反对犹太复国主义，应改为反对以色列扩张和侵略。⑤ 在中美关系正常化和中国重返联合国之后，周恩来表示，以色列已经成立，把它消灭和赶走是不行的；承认以色列在中东的存在，反对"把以色列扔到大海里"的口号；应当把反对以色列当局的侵略扩张政策和种族主义同宗

---

① Michael Curtis and Susan Aurelia Gitelson, *Israel in the Third World*, Livingston: Transaction Publishers, Piscataway, p. 343.
② 陈建民：《当代中东》，北京大学出版社2002年版，第309页。
③ 果尔达·梅厄著，章仲远、李佩玉译：《梅厄夫人自传》，新华出版社1986年版，第324页。
④ Michael Curtis and Susan Aurelia Gitelson, *Israel in the Third World*, p. 231.
⑤ 王泰平主编：《新中国外交50年》，北京出版社1999年版，第615页。

教仇恨相区别,把以色列统治阶级和广大劳动人民相区分,不能凡是犹太人都反;阿拉伯民族和犹太民族联合起来,两个民族平等、和平相处。①随着中美苏大三角关系的变化,中国对以色列也逐渐开始有限承认,承认犹太人民、以色列国家的存在,反对其具体政策,支持阿拉伯民族和犹太民族和解来解决阿以问题。1978年以后,中国对国际形势的判断有了变化,"和平与发展"的时代主题已经取代了"战争与革命"的时代主题②,中国的政策重心转变为经济建设,急需西方国家的投资,对第三世界国家的援助、支持则大大减少,中国整体的对外战略有了方向性的转变。与此同时,1978年埃以和解为中国以色列政策的转变提供了机会。邓小平副总理在埃以签订《戴维营协议》和《埃以和平条约》后称赞说这是"勇敢的一步"③。中国承认以色列的前提条件,也从要求以色列"撤出全部被占领领土"转变为"以色列必须撤出1967年以来占领的大部分领土"。这是中国对以政策的重大改变,在以色列国内也激起了巨大的反响。

埃及和以色列单方面寻求和平的行为遭到了其他所有阿拉伯国家的集体指责和断交,而且埃及被开除出阿拉伯国家联盟。但随着埃及这个历次中东战争的主力军和以色列达成"冷和平",剩下和以色列接壤的约旦与叙利亚独木难支,阿拉伯国家长期以来"消灭以色列"的政策事实上已经破产,以色列于1982年发起的黎巴嫩战争更是完全彰显了以色列的地区军事优势,此时阿拉伯国家一盘散沙,伊拉克深陷"两伊战争"无暇他顾,只剩下沙特这个阿以冲突中的温和派有精力处理巴勒斯坦问题。在这样的背景下,1982年在沙特召开了第12届阿拉伯国家首脑会议,会议通过的《菲斯宣言》,含蓄地承认了以色列。④《菲斯宣言》

---

① 裴坚章主编:《研究周恩来——外交思想与实践》,世界知识出版社1989年版,第134页。
② 《邓小平文选》,第3卷,人民出版社1993年版,第104页。
③ 王泰平主编:《新中国外交50年》,北京出版社1999年版,第574页。
④ 徐向群、宫少朋:《中东和谈史1913—1995》,中国社会科学出版社1998年版,第221页。

第一章 政治经济篇

是阿拉伯国家集体制定的第一个解决阿以冲突的和平方案,这标志着中东和平进程进入了新阶段,即阿拉伯国家愿与以色列和解的阶段。① 阿拉伯国家对以色列政策的变化,解除了其他很多国家对以色列政策的顾虑,不结盟国家对以色列有组织的抵制运动开始减少②。随着阿以关系整体走向政治解决,中国及时调整了对以色列的政策。1982年,时任中国总理访问埃及时提出"中东各国都应普遍享有独立和生存的权利",间接表示了对以色列的承认。③

面对中方的友好转变,以色列很快做出回应,希望能和中国建交。1982年12月以方表示:"以色列欢迎与中华人民共和国的对话,但遗憾的是,这不只取决于以色列"。④ 对此,中国外长吴学谦表示:"中国同以色列的关系如何发展,取决于以色列当局对解决中东问题的态度。"⑤ 1984年以色列总理强调:"我们应该再次叩击中国的大门,我们两国地理上的距离不应成为两国外交隔绝的鸿沟。"⑥ "1985年12月,中国外长吴学谦在访问埃及期间发表声明说,只要以色列继续实行侵略扩张政策,中国就不与以色列当局发生任何关系。但是,应该区分以色列当局和以色列人民,允许以色列专家和学者以个人身份访华,参加由一些国际组织和学术团体在中国举行的国际会议。⑦ 在这样的情况下,双方都有强烈的意愿展开建交的直接谈判,以色列驻香港领事馆因此成为中以接触的良好平台。1986年,以色列重新开启关闭了10年的以色列驻香港总

---

① 殷罡主编:《阿以冲突——问题与出路》,国际文化出版公司2002年版,第30页。
② 同上书,第30页。
③ 陈建民:《当代中东》,北京大学出版社2002年版,第312页。
④ E. Zev Sufott, *A China Diary: Towards the Establishment of China-Israel Diplomatic Relations*, p. 109.
⑤ 符浩、李同成主编:《外交风云——外交官海外秘闻》,中国华侨出版社1995年版,第257页。
⑥ E. Zev Sufott, *A China Diary: Towards the Establishment of China-Israel Diplomatic Relations*, p. 110.
⑦ [美]高斯坦著,肖宪译:《中国与犹太—以色列关系100年》,中国社会科学出版社2006年版,第123页。

领事馆，由资深外交官鲁文·梅厄哈夫（Reuven Merhav）出任总领事。①中国在公开支持阿拉伯国家的前提下，从20世纪80年代中开始与以色列进行"非官方的、秘密的、间接的"偶尔接触。②

中国开始改革开放以后，中以之间的经济贸易、文化往来就迅速发展，双方之间越发频繁的往来使得中以之间建立正式的外交关系迫在眉睫。为了促进中以之间的贸易，以色列政府于1987年在香港购买一家空壳公司将其注册为COPECO有限公司，从事对华贸易。虽然香港市场本身并不大，但却是通往中国大陆市场的中转站。同年，以色列驻港总领事鲁文·梅厄哈夫与新华社驻港分社副社长就中以关系进行了探讨，认为两国在农业、科技、公共卫生、教育和贸易方面有共同利益，有必要在两国政府间进行直接坦诚的对话。③

而外国学者认为，早在70年代末，中国和以色列之间就展开了秘密的军事和技术合作。"中以之间最初的接触是由于武器的原因"④，中国迫切需要针对性的军事技术和装备，而以色列在历次中东战争中面对装备苏联武器的阿拉伯国家，军事成就极其惊人，引起了中方的兴趣。这些军工技术和装备在内的许多高科技产品对于当时中国较为落后的军事工业来说，具有重要的战略意义，也因此为中以之间更密切的联系奠定了基础。鲁文·梅厄哈夫曾任以色列驻港荣誉总领事，1989年至1991年任以色列外交部总司长，不久又被任命为以色列政府控制的COPECO公司董事局主席，他担任这两职一直到中以建交。鲁文·梅厄哈夫谈到中以建交时指出，"许多人员和组织对中以建交做出了贡献，其中起码

---

① [美]高斯坦著，肖宪译：《中国与犹太—以色列关系100年》，中国社会科学出版社2006年版，第121页。

② Yitzhak Shichor, *Hide and Seek: Sino-Israeli Relations in Perspective*, Israel Affairs, 1994, p. 197.

③ [美]高斯坦著，肖宪译：《中国与犹太—以色列关系100年》，中国社会科学出版社2006年版，第99—100页。

④ Jonathan Goldstein, *China and Israel: 1948 – 1998*, p. xix.

第一章　政治经济篇

有以色列国防工业企业。"[1]

80年代中叶以后，随着美苏之间冷战的缓和，中东和平进程也快步发展。1987年巴解组织承认以色列并要求参与阿以谈判，中国的立场已经不得不改变了。1987年以色列外长在联大会议上呼吁苏联和中国与以色列建立外交关系，强调"想参加中东和平工作的国家不可能限制与争端的其中一方接触"。[2]"与以色列建交成了参加中东和平进程的入场券。"[3]甚至阿拉伯国家也要求中以建立关系。希望中国利用自己的影响在中东和平会议上帮助阿拉伯国家。[4]

在这样的大背景下，中以建交的进程得以顺利推进。1988年9月，中国外交部长钱其琛在纽约会晤了以色列外交部长佩雷斯，双方就中东问题和共同关心的国际问题交换了看法。[5]1989年1月，中国外长钱其琛和以色列外长阿伦斯在巴黎会晤，商定由两国常驻联合国代表保持经常性接触。1990年春季，中国和以色列分别在各自首都建立了准官方联络机构，即中国国际旅行社驻特拉维夫代表处和以色列科学院驻北京联络处。1991年，上述两机构均已享有外交权利，使中以之间建立了事实上的领事关系。海湾战争结束后，一些阿拉伯国家开始与以色列进行接触，使得与以色列建交国家的数量增加到了103个，有意愿跟以色列建交的国家也越来越多。[6]冷战结束后，东欧的原社会主义国家也纷纷和以色列建交。

1991年以色列派出资深外交官泽夫·苏赋特出任以色列科学院驻北

---

[1] [美]高斯坦著，肖宪译：《中国与犹太—以色列关系100年》，中国社会科学出版社2006年版，第95页。

[2] E. Zev Sufott, *A China Diary: Towards the Establishment of China-Israel Diplomatic Relations*, p. 111.

[3] [美]高斯坦著，肖宪译：《中国与犹太—以色列关系100年》，中国社会科学出版社2006年版，第133页。

[4] E. Zev Sufott, *A China Diary: Towards the Establishment of China-Israel Diplomatic Relations*, p. 120.

[5] 王泰平主编：《新中国外交50年》，北京出版社1999年版，第616页。

[6] 徐向群：《沙漠中的仙人掌·犹太素描》，新华出版社1998年版，第361页。

京联络处顾问，他的工作主要是推动和加深中以之间的文化、科学、农业交流，同时为官方的政治交流与访问创造条件，推动中以正式外交关系的建立。① 1992年1月，以色列副总理兼外交部长戴维·利维应中国国务委员兼外交部长钱其琛的邀请来华访问，访问期间两国外长进行了会谈并签署了《中国和以色列建交联合公报》，宣布两国自1992年1月24日起建立大使级外交关系。1992年1月28日中国代表团出席在莫斯科召开的中东和平会议，中国代表团团长指出"阿拉伯被占领土应予归还；巴勒斯坦人民的合法民族权力应予恢复；包括以色列在内的所有国家的主权和安全都应得到尊重和保障"。②

中以建交可以说是内外因素作用下的大势所趋。随着冷战的结束，东西方阵营对立的态势解除，不结盟运动逐渐式微，中以的建交不再受到美国和阿拉伯因素的限制，马德里中东和平进程的启动打破了以色列在国际上的孤立局面，中以建交也是正当其时。与此同时中国开始的改革开放也要求中方以寻求合作与伙伴的态度展开外交活动，大力发展经济贸易和文化教育往来，中以建交利在当中势在必行。

第二节 建交后的中以政治关系发展

自1992年中以建交以来，双边关系蓬勃发展，高层互访往来不断，经济贸易额连年攀升，教育、文化交流持续开展，自2013年中国提出"一带一路"倡议后，以色列积极参与，2016年3月成为亚投行首批创始会员国，2017年3月21日中以建立了"创新全面伙伴关系"。与此同时，美国、阿拉伯、伊朗等因素也不断影响着中以关系的发展。

---

① E. Zev Sufott, *A China Diary: Towards the Establishment of China-Israel Diplomatic Relations*, p. 137.

② 杨福昌：《发扬传统友谊再创辉煌未来》，《西亚非洲》，2006年第6期，第11页。

第一章 政治经济篇

（一）中以合作中的美国因素

正如前文所言，中国和以色列的军事贸易由来已久，并且对中以打破"冻结关系"、成功建交发挥了独特的作用。1991 年兰德公司提交给美国国防部的报告中，估算以色列对华武器销售额在 10 亿—30 亿美元间，美国军备控制和裁军署估计，1984—1997 年以色列对华军事出口总值约为 77.8 亿美元，平均每年 5.56 亿美元。[①] 建交以后，中国和以色列迅速展开了更加广泛的军事贸易，但随着美国的介入和干涉，中以的军售往来自 2006 年以后逐渐进入低谷。

客观来说，中国很多军事装备的技术水平和世界先进国家还是有一定差距的，这种差距在 2010 年以前尤为明显，所以中国曾长期寻求和外国的军事贸易来提高军事技术和国防能力，俄罗斯、美国、以色列都曾是我们军事贸易的对象。但 1989 年之后，以美国为首的西方国家以"人权"为由对中国进行了武器禁售，中国可以大量进口军事设备的国家只剩下了俄罗斯，但俄制武器相比欧美武器，普遍存在着设计、制造不够精致，电子化、信息化水平较低的缺陷，[②] 已经不能满足我们的军事和安全需要，俄罗斯国内长期存在的对华担忧情绪也限制了俄罗斯对中国的武器出口水平，所以以色列作为欧美武器的替代作用越发明显。与此同时，苏联解体后的中国面临美国巨大的战略压力，在美国支持下的"台独势力"越发猖獗，不断挑战中国的战略底线，中国面临维护国家主权和领土完整的迫切需要，以色列就成为中国选择的对象。

以色列国防工业的迅速发展始于 20 世纪 60 年代末，1967 年"六五战争"中法国对以色列的武器销售禁令使以色列认识到发展自主独立的

[①] 郭培清：《大陆之外中以军事贸易关系研究综述》，《二十一世纪》（网络版），2006 年第 55 期，第 37 页。

[②] 《以色列对华军售走入死胡同》，网易新闻，http://news.163.com/05/1008/14/1VI3ABCI00011233.html，上网时间：2017 年 6 月 15 日。

现代国防工业的重要性,从此开始自主研发和制造尖端的武器设备,把优先发展国防工业置于国家安全的首位,将国民生产总值的25%列为国防预算①,在美国的技术支持下发展迅速。到20世纪80年代中期,以色列已经形成了较为完整的军事研制和生产体系,这些军工企业涵盖了从军工科研到武器生产几乎所有的领域。② 截至2006年,以色列国防工业在中东地区发展最快、技术最先进,每年产值都在20亿—30亿美元的水平,占本国工业总产值的四成以上,国防工业已成为以色列国民经济的支柱产业。③ 以色列武器因为技术先进、经受过实战考验,在国际军火市场上广受青睐,因为以色列本国的武器需求相对有限,所以以色列大力拓展对外的武器贸易,除了阿拉伯国家以外,和世界上的其他国家广泛开展军事贸易,一方面扩大收入并推进国防工业的科研生产,另一方面利用军事外交扩大了以色列的影响力,试图凭此需求获得其他国家的政治支持,以缓解以色列在中东地区的孤立局面和危险环境。例如,1999年以色列主动提出向约旦出口武器,两国的多年恩怨也借此顺势化解,后来约旦还向以色列空军开放领空供其进行军事训练。中国因为联合国安理会常任理事国的政治地位也特别受到以色列的重视。

在这样的双方需求下,中以之间的军事贸易一拍即合。1992年,以色列被指控把美国的爱国者反导技术非法转让中国。④ 1996年"台海危机"之后,中国急需提高空防能力来改善在台海地区的军事压力,以色列于1993年首次试飞的"费尔康"预警机因为其物美价廉(性能持平甚至超过美国"E-3C"预警机,价格却只有其三分之一)⑤ 得到了中

---

① David A. Fulghum and Robert Wall, "Israel Pursues High Tech Despite War Costs", *Aviation Week &Space Technology*, No. 5, 2002, pp. 172 – 178.
② 李大光:《以色列军火——小国大生意》,《世界知识》,2007年第5期,第45页。
③ 同上书,第46页。
④ Kumaraswamy, "Israel, China and United States: The Patriot Controversy", *Israel Affairs*, Vol. 3, No. 2, Winter 1996, pp. 12 – 33.
⑤ 《以色列飞机公司生产的费尔康预警机简介》,搜狐网,http://news.sohu.com/20041229/n223700367.shtml,上网时间:2017年6月15日。

第一章　政治经济篇

国的注意，预警机因为其近距离指挥战机作战的能力，素有"空中指挥所"的美称，1996年中、以、俄达成初步合同，由俄罗斯向中方提供一架伊尔—76运输机，以色列在其上装载"费尔康"预警机系统。这项协定达成后不久就被披露在以色列的《国土报》上，以方媒体声称通知了美国同时没有遭到反对，显然因为对台军售的理亏和避免再次激化中国的敌对情绪，美国没有干涉这次合同，但美国对华"接触+遏制"的政策决定了美国不会坐视中国从外界安然地获取大幅提高军事能力的关键性武器装备。

果然美国的态度很快发生了变化，1999年5月8日中方驻前南联盟大使馆被美军轰炸，12月美国又爆出了所谓的"中国间谍李文和"案，中美关系急剧恶化，美国对中国的军事警惕不断提高。美国媒体趁势以中国获得"费尔康"预警机会打破台海"军事平衡"、进而"威胁"美国舰机为由，不断炒作以色列对中国出售预警机一事，接着国会议员开始介入，要求审查此事，克林顿政府随即向以色列施压，声称对以色列向中国出售军用雷达表示担忧，要求以色列停止这项军售①。中以两个独立自主的主权国家之间正常公开的军事贸易竟受到美国的横加干涉，出于维护以色列战略信誉和中以关系的考虑，以色列坚持遵守合同，当时的以色列总理巴拉克曾回应说："我们知道美国对于中国的敏感性。当然，我们也知道自己对已经签字的合同有遵守的责任。"② 2000年4月中国国家主席江泽民访问以色列，时任以色列外长的戴维·利维表示以色列会遵守承诺。

但美国对以色列的影响终究是举足轻重的。美国国会和媒体继续炒作此事，并以此为由要重新考虑对以色列20亿美元的年度援助。以色列前总理拉宾曾说过："以色列外交政策的底线就是不能开罪美国，不能冒美国取消对以援助的风险。"③ 在美国的不断施压下，以色列权衡利

---

① 刘洪：《和沙龙做邻居》，中国文联出版社2005年版，第85页。
② 同上书，第86页。
③ 李伟建：《以色列与美国关系研究》，时事出版社2006年版，第104页。

弊，最终选择顺从美国的意愿，7月，以色列巴拉克政府宣布暂停中以"费尔康"预警机合同，实质上结束了此项军售。该项合同金额为2.5亿美元，中方随后要求以色列赔偿12亿美元，最后双方经协商以色列赔款3.5亿美元。① 除了经济上的直接损失之外，中方还要承担准备的人员训练、飞机购买以及场地建设等间接经济浪费，不仅影响了中国的国家军事安全建设，而且耽误了中方自主发展预警系统的宝贵时间，对中国军事现代化建设造成了挫伤，一直到2008年中国自主研制的"空警—2000"预警机才完成部署。

以色列的出尔反尔不仅破坏了其在国际军火市场和国际社会的战略信誉，也极大地损伤了中以之间的友好关系，即使以方不断表示"遗憾"并向中国道歉，但中以关系不可避免地走向低谷。2001年12月18日中方外交部发言人章启月表示："在这个问题上，我已经非常明确地阐述了我们的立场：我们认为，国与国之间所达成的协议和谅解应予恪守，这是国家关系中应遵循的基本准则。我们希望有关当事国能够负起责任，拿出令中方满意的解决方案，尽早解决这一问题，使得中以双边关系不会因此事而受到影响。"② 从2000—2003年，中方没有部长及以上的官员访问以色列③。2001年巴以冲突发生后，中国对以色列的报复行动给予了严厉的批评，江泽民主席在给阿拉法特的回信中对巴勒斯坦民族权力机构和巴勒斯坦人民的困难处境表示了深刻的同情。2003年9月，中国在联合国要求以色列停止驱逐巴解主席亚西尔·阿拉法特的提案上投了赞成票。直到2003年12月，以色列总统卡察夫应江泽民主席之邀访华，取得圆满成功，随后国务委员唐家璇、外交部长李肇星先后

---

① 雄凯：《中以重新恢复军事接触，合作尝试突破美国阻挠》，http://news.beelink.com.cn/20040608/1596387.shtml，上网时间：2017年6月15日。

② 中华人民共和国外交部网站：http://www.fmprc.gov.cn/chn/xwfw/fyrth/1032/t3587.htm，上网时间：2017年6月15日。

③ 自中以建交以来的双边重要往来参见附录一。

第一章 政治经济篇

访问以色列,两国关系才走上了正常轨道,恢复了高层交往。①

"费尔康"预警机事件并不是孤立的个案,而是美国对中以军售的明显表态和定性,自此之后,中以之间的军售往来受到的美国限制不断加深,最终在2006年以后中以军售基本停止。2003年,美国再次要求以色列中止所有向中国出口武器和安全设备的合同。② 2004年3月,以色列向中国派出了一个高级军事代表团,商讨开启中以军售的问题,代表团团长为国防部总司长亚隆。紧接着,美国指责以色列向中国出口"飞毛腿"导弹拦截技术,并要求将执行此事的亚隆撤职。③ 12月,由于以色列维护升级20世纪90年代向中国出售的"哈比"无人机,美国要求以方停止这项正常的售后服务,并扣押中方的无人机不予归还,同时以"对华军售"为借口对以色列的军工企业实施了制裁措施。美国要求以色列提供中以军售合同的细节,评估其武器出口检测系统,为了解除制裁,以色列最终和美国签署了关于对华军售的备忘录。④ "哈比"无人机事件引发了美以关系的重大危机,但最终以色列还是选择向美国和美以战略关系屈服,中方对以色列极其失望。根据该备忘录,以色列同意日后向中国和其他国家出售军备前,会先咨询美国,实际上给予美国对以色列军火出口的否决权,美国得以通过备忘录监控以色列的武器出口,并有权要求以色列中断军事合同。2006年3月1日,以色列国防部向外界宣布:以色列将重新恢复对中国的武器销售。⑤ 但同时,以色列成立了国防出口控制部门,以色列军火商在决定向中国出口军事装备前,必须首先得到国防部的批准。⑥ 就这样,在美国的高压下,以色列逐步

---

① 资料来源于中华人民共和国外交部网站,http://www.fmprc.gov.cn/web/gjhdq_676201/gj_676203/yz_676205/1206_677196/sbgx_677200/,上网时间:2017年6月15日。
② 李大光:《以色列军火——小国大生意》,《世界知识》,2007年第5期,第45页。
③ 同上书,第45页。
④ Andrew I. Killgore, "U. S. Gets Tough on Israel Arms Sales to China", The Washington Report on Middle East Affairs, Aug. 2005, Vol. 24, No. 6, p. 15.
⑤ 邱永峥:《以色列悄然重启对华军售大门》,《青年参考》,2006年3月7日。
⑥ Uzi Elam, "Defense Export Control in 2007: State to Affairs", Strategic Assessment, March 2007, Vol. 9, No. 4.

加强了出口技术的管制，从此以色列对中国的军售都要经过美国的审批，事实上中以军售基本化为泡影。

考察中以军售历史的发展，我们可以清楚地看到美国影响的决定性作用，"美以特殊关系"是中以军事往来的最大障碍且无法改变，当美国将中国视为战略竞争对手和潜在的霸权挑战者以后，美国会不遗余力地限制中国先进军事技术和产品的外购，而以色列囿于对美国的依附性，很难抗拒美国限制中以军售的强迫压力。同时相比中以军售以中方购买以色列武器装备为主，对以方来说只有经济价值而无战略价值。而美国向以色列提供的军事援助是美方向以方援助、出售高技术武器装备，在经济性和战略性上远超中以军售。所以中以的军售往来注定是脆弱而敏感的，高端技术的交易美国不允许，低端技术的中国不需要。

（二）中以合作中的地区因素

中国和阿拉伯国家的关系源远流长，自20世纪50年代以来就保持着深厚的传统友谊，许多阿拉伯国家为中国恢复在联合国合法席位长期努力，中国也一直支持阿拉伯国家摆脱殖民统治、争取民族独立的斗争，并将支持巴勒斯坦人民的正义斗争视为自己的国际义务。自1956年以来，中国在巴以（阿以）冲突中始终站在支持巴勒斯坦、阿拉伯国家的正义立场，这种鲜明的态度从未动摇，可以说是决定最终能否合理公正解决该问题的重要支柱。在这样的背景下，中以建交是在阿拉伯国家首先做出和解态度之后，中以建交后的合作也长期受到阿拉伯国家因素的影响，客观来说，中阿之间的政治经济合作在领域和深度上远高于中以，中阿关系也明显好于中以关系，这是我们必须承认的事实。

冷战结束后，阿拉伯国家强硬派势力遭到削弱，中东和平进程开启，阿以双方都达成了用谈判方式解决冲突、缔造和平的共识，这也是中方一直以来所努力希望的局面，即使中以建交，中国也并没有改变支持巴勒斯坦人民正义事业的立场。2004年1月20日，中国外交部长李肇星

第一章 政治经济篇

接受中东通信社驻北京记者采访时，表明了中国官方一贯的立场："中以关系是20世纪90年代初中东和平进程启动后开始发展的，这一关系的政治基础是和平共处五项原则。我们希望通过全面发展与中东地区国家关系，推动中东问题的全面公正解决。中以建交并没有损害中阿传统友谊。"[1] 中国始终支持用和平谈判的方式政治解决巴以冲突，不仅坚决反对巴勒斯坦武装力量对以色列人民的暴力伤害，也反对以色列动用武力镇压巴勒斯坦人民的正当诉求。在两国建交以后，中国依然对以色列的先发制人战略、对巴强硬政策进行谴责，以色列也会对中国与阿拉伯国家之间的经济合作、军事贸易表示担忧和怀疑。

2000年美国主导下的中东和平谈判破裂之后，中国外交部长唐家璇致电巴勒斯坦民族权力机构主席亚西尔·阿拉法特，重申了中国支持巴勒斯坦人民正义事业的一贯立场。中国坚定地支持中东和平进程，不希望10年来中东和谈的成果付诸东流，坚持认为联合国有关中东问题的决议和"土地换和平"原则是中东和谈的基础，有关各方切实执行已达成的协议和谅解是建立互信的前提。中国反对以色列对巴勒斯坦实行武力打击和经济封锁；反对任何针对平民的恐怖主义活动；支持国际社会做出的一切有利于缓和地区局势的调解努力。中国已经并将继续与国际社会一道做出自己的努力。[2]

2003年9月，中国在联合国要求以色列停止驱逐阿拉法特的提案上投了赞成票，并表示"坚决反对以色列驱逐阿拉法特主席，或以其他形式对他进行人身威胁。中东形势十分复杂，我们谴责并要求立即停止针对平民的自杀性活动，同时谴责以色列方面对被占领土所采取的'定点清除'手段。如果不打破'以暴易暴'的怪圈，中东和平进程将无法推进。希望以巴双方配合国际促和努力，停止'以暴易暴'，尽快回到政

---

[1] 《中国外交部长李肇星称中以建交并没有损害中阿传统友谊》，新浪网，http://news.sina.com.cn/c/2004-01-20/16491634540s.shtml，上网时间：2017年6月19日。

[2] 中华人民共和国外交部网站，http://www.fmprc.gov.cn/chn/wjb/zzjg/xybfs/dqzzywt/t5033.htm，上网时间：2017年6月19日。

治解决的轨道。"①

2007年下半年，美国对该地区的政策调整，阿以矛盾的缓和出现了一线转机，杨洁篪外长率代表团参加了由美国倡导的安纳波利斯中东和会，中国在会上提出了"五点建设性主张"。②该主张的内容既体现了中国在中东问题上一贯坚持的原则和立场，又充分分析了当前中东形势面临的新情况和新问题，在此基础上提出了解决阿以争端较为完整可行的新方案。2006年7月黎以爆发大规模冲突，以色列旋即入侵黎巴嫩，中国对以色列侵犯黎巴嫩主权的行为表示严厉谴责，其中以色列轰炸联合国驻黎巴嫩维护观察站导致包括中国军事观察员在内的四名维护人员遇难，③该事件更是差点导致中以发生冲突。

2008年底和2009年初以色列对巴勒斯坦哈马斯组织的大规模空袭再次将巴以冲突升级，中国第一时间表示关切，反对以色列的空袭和哈马斯组织的暴力行为。巴以和谈自2014年4月中断后再次深陷僵局，目前和谈缺乏恢复的基本条件。很明显，只要巴以、阿以冲突没有得到解决，就始终是中以关系保持和推进高级别交流合作的障碍，而这一障碍还将继续存在。

出于国际地位和国家利益考虑，中国选择有原则、有分寸地参与中东事务和阿以问题，在相对实力有限的情况下整体超脱，局部参与。作为最大的发展中国家和安理会常任理事国，中国必须要肩负维护联合国宪章和原则、保卫世界和平、解决国际争端的责任，中国对中东热点问题的准则就是推进和平、发展、合作，基本方针是"劝和""促谈"。联合国支持巴勒斯坦的要求，而不支持以色列的要求，这反映了国际社会的共识，所以中国支持巴勒斯坦人民的正义立场不动摇，反对巴以冲突

---

① 中华人民共和国外交部网站，http://www.fmprc.gov.cn/chn/xwfw/fyrth/t25952，上网时间：2017年6月19日。

② 中华人民共和国外交部网站，http://www.fmprc.gov.cn/ce/ceegy/chn/rdwt/zdwt/t385009.htm，上网时间：2017年6月19日。

③ 《以军炸死中国籍观察员》，搜狐网，http://news.sohu.com/20060727/n244472270.shtml，上网时间：2017年6月19日。

第一章 政治经济篇

升级，推动阿以双方用和平谈判的方式解决争端。

同时，为了推进中国的现代化建设和提高国际影响力，中国不能让中以关系干扰到中阿之间的能源和战略合作。根据中国石油企业协会和中国油气产业发展研究中心联合编撰的《2017中国油气产业发展分析与展望报告蓝皮书》，2016年中国原油对外依存度达到65.4%，进口石油能源的战略安全问题关乎中国经济命脉。截至2015年，中国进口石油的一半以上来自中东，而且主要来自海湾地区的沙特、科威特、阿联酋、伊朗、伊拉克等国，显然中东的阿拉伯国家对中国的能源安全掌握着巨大的影响力，中国向阿拉伯国家主要出口的商品有欧盟、日韩、印度等替代者，而除了中东再没有其他地区能够向中国出口如此数量的石油，所以在中阿能源关系里中国处于依赖性、脆弱性更高的局面。

站在国际政治的立场上，阿拉伯国家是第三世界、发展中国家的重要组成部分，是中国潜在的战略合作方，中阿之间的战略合作弥足珍贵，不可或缺。冷战结束后，美国一超独霸，一方面散布"中国威胁论"，将中国视为美国最有可能的潜在战略对手，同时在和中国接触往来的过程中毫不讳言要进行所谓的"接触、遏制、改造"。中国面临此巨大压力，在维护国家利益和国际地位的过程中急需俄罗斯和发展中国家的政治支持。阎学通认为，冷战后国际政治的主要矛盾、战略矛盾是美国称霸和大国反霸的斗争，中国和美国的矛盾则是大国中最为突出的。[①] 而在这场大国竞争中，阿拉伯国家以其能源优势、宗教优势和地缘优势发挥着极其重要的影响力，是中国扩大国际影响力、维护国际地位不可或缺的朋友伙伴。

但阿拉伯国家的重要性并不代表我们不发展或者无法发展中以之间的友好政治往来，只是要在和以色列发展合作交流的过程中避免损害阿拉伯国家的核心利益，继续坚持中国在中东事务上的既有原则。

[①] 阎学通：《冷战后的继续——冷战后的主要国际政治矛盾》，《战略与管理》2000年第3期，第62—63页。

以色列与"一带一路":角色与前景

在中以关系中,伊朗因素主要是由中伊军售和伊朗核问题而影响中以关系的发展。① 伊朗和以色列在二战以后长期是美国在中东的战略支柱和坚定盟友,伊朗巴列维政权和以色列在中东共同对抗阿拉伯国家和苏联,同时伊朗向以色列长期提供石油,所以双方关系是友好的。1979年伊朗伊斯兰革命以后,霍梅尼领导下的伊朗"不要西方,不要东方,只要伊斯兰",不仅彻底和美国阵营决裂,同时因其浓厚的伊斯兰色彩开始敌视以色列政权。双方在两伊战争时期为了共同打击伊拉克萨达姆政权曾保持过心照不宣的暗中合作,但在两伊战争结束后,伊朗和以色列的关系再度恶化,互相保持着高度的警惕和敌意。

伊朗将以色列称作"犹太复国主义政权",不承认其作为主权国家的生存权,同时支持敌视以色列的哈马斯、黎巴嫩真主党,以色列也深深感受到伊朗的威胁。2005年伊朗保守派总统内贾德上台以后,曾公开宣称,要将以色列"从地图上抹去",更于2009年4月20日的联合国反种族大会上将以色列定义为"一个极端残暴、彻底的种族主义政权";以色列副总理、诺贝尔和平奖获得者西蒙·佩雷斯2006年5月8日在接受采访时也宣称"伊朗也是可以从地图上抹去的"。② 伊朗核危机爆发后,以色列高度重视,多次宣称伊朗发展核武器是严重威胁,不仅要求美国制裁打击伊朗,以色列自己也多次计划用军事行动摧毁伊朗核生产的相关设施。以色列前总理奥尔默特曾发表讲话说:"伊朗拥有核武器将对世界和平与安全构成巨大威胁,我们不允许它变成现实。"③ 近年来,以伊关系在"冷和平"与"热战"之间徘徊,本质上属于战略性对抗,亦即在不发生直接军事对抗的前提下,动用各种战略资源,在军事、政治、经济、文化等方面对抗。④

---

① 王玉凤:《国家利益视野下的中以关系》,上海外国语大学2009年硕士论文,第24页。
② Nathan Gnttman, "Iran can Also be Wiped off the Map", *The Jerusalem Post*, May 8, 2006.
③ Andreas Malm and Shora Esmailian, *Iran on the Brink Rising Workers and Threats of War*, London: Pluto Press, 2007, p. 177.
④ 孙德刚:《以色列与伊朗关系评析》,《现代国际关系》,2009年第5期,第25页。

第一章 政治经济篇

1992年3月9日,中国加入了《不扩散核武器条约》。1992年9月10日,伊朗总统拉夫桑贾尼访问中国,表示希望中国援建核电站,经过协商,中国同意在伊朗接受国际原子能机构有关核查和监督的规定下,考虑向伊朗提供相应的核电站设备。1993年7月,经过长时间谈判后,中国最后答应提供给伊朗两台300兆瓦的核反应堆,并帮助伊朗为这个反应堆进行矿物探测和安装核燃料棒。[①] 伊朗重启核计划引起了以色列和美国的高度警觉,90年代以色列历届领导人访问中国时,都向中国领导人反复表明了对伊朗获取核武器的担心,并告知伊朗在中东地区的负面影响。

中国对此则一再表明支持核不扩散的态度,1995年江泽民主席明确表示,中伊核反应堆交易已"暂时"冻结,核反应堆仅用于非军事目的,并置于国际社会的监督之下,核技术不得转让第三方。1997年12月钱其琛外长会见利维时再度重申:中国政府不会向伊朗提供可用于发展核武器和非常规武器的军事技术和装备。随后中国政府做出了取消向伊朗出口核电站的决定,同时终止所有与伊朗的核合作。[②]

1997年10月中国国家主席江泽民在访问美国时声明,不打算再向伊朗出售巡航导弹。1998年10月,美国国防部长科恩访问北京,中国再一次做出保证:不再向伊朗出售导弹,不再转让军事技术,不再进行能使伊朗升级其巡航导弹系统的技术合作。[③]

在伊朗核问题上,以色列也对中国偏向伊朗的态度非常不满。2003年伊朗核危机爆发后,美国、欧盟和伊朗进行了谈判磋商,希望伊朗停止进行铀浓缩,但伊朗一直拖延反复,最终美欧将伊朗核问题提交联合国安理会处理。2006年7月31日,安理会一致通过了1696

---

① Jack Andson, "Supply Weapons to Iran Again", *Washington Post*, April 30, 1996. 转引自王玉凤:《国家利益视野下的中以关系》,上海外国语大学2009年硕士论文,第26页。

② 梁平安:《试论伊朗核问题对阿拉伯国家的辐射效果》,《阿拉伯世界研究》,2007年第1期,第57页。

③ [美]高斯坦著,肖宪译:《中国与犹太—以色列关系100年》,中国社会科学出版社2006年版,第206页。

号决议，要求伊朗于2006年8月31日前中止一切铀浓缩活动，否则将面临制裁。但伊朗还是不顾安理会的警告和代表欧盟进行斡旋的德、法、英三国的劝阻，于2006年8月5日在伊斯法罕重新开始了铀浓缩活动。①

2015年7月20日，联合国安理会通过了《伊朗核协议》，伊朗承诺不进行5%以上丰度的铀浓缩活动，美国承认伊朗有和平使用核能的权利。但以色列认为伊朗只是在拖延时间来提高自己的核能力和储备核材料，坚决反对美国签署协议，并不认为伊朗核问题得到了解决，依然准备着对伊朗核设施进行军事打击。

在以色列，安全总是居于压倒一切的位置。正如以色列开国总理本·古里安所说："我无法不通过'安全眼镜'看待一切。任何事情只要是安全的，就有一切；但若是不安全的，就一无所有。"②

中国一直支持用和平谈判的方式解决伊朗核危机，并在伊核问题六方会谈中发挥了重要的斡旋作用，最终伊朗核协议的达成中国功不可没。但以色列一直认为伊朗领导下的"什叶派弧线"和巴勒斯坦哈马斯组织是以色列最大的威胁，伊朗拥核及打破以色列在中东的绝对核优势和在周边的军事优势，以色列的国家安全将受到严重威胁，甚至伊朗的核武器可能扩散给伊斯兰激进主义恐怖分子，犹太民族将遇到生死存亡的危机。因此，以色列极力支持对伊朗进行严厉的制裁，并对伊朗"和平利用核能"的宣称表示强烈质疑，希望能坚决制止伊朗发展核能力和拥有核武器，强调以色列保留采取进一步行动的权利。而且以色列始终认为，伊朗在海湾地区权力的伸张已经明显地威胁到了以色列的利益和安全，中国难辞其咎。显然，在中伊军售、伊朗核

---

① Shmuel Even, *The Iranian Nuclear Crisis：The Implications of Economic Sanctions*，Tel Aviv：Jaffee Center for Strategic Studies, 2006. 转引自王玉凤：《国家利益视野下的中以关系》，上海外国语大学2009年硕士论文，第27页。

② Bar-Joshph, *Israel's National Security towards the 21st Century*，London：Frank Press，2001，p. 177.

问题甚至伊朗扩大在中东地缘优势等问题上，中以之间有明显的分歧。只要以色列继续将伊朗视为仇敌，那么伊朗因素难以避免地会成为干扰中以关系的重要因素。

（三）"一带一路"倡议下中以政治关系的前景

2017年是中以建交25周年，3月21日，中国国家主席习近平会见来访的以色列总理内塔尼亚胡，双方宣布建立"创新全面伙伴关系"，该关系也说明了中以合作的重中之重是创新合作，延续了2015年中国副总理刘延东访以时建立的中以创新合作之路。

根据《中华人民共和国和以色列国关于建立创新全面伙伴关系的联合声明》，双方一致认为，自1992年中以建交以来，在两国共同努力下，双边关系取得重大发展。双方建立了牢固的政治互信，经贸、科技、农业、卫生、教育、文化和学术等领域合作及人才交流不断加强……中国作为世界经济大国，正在实施创新驱动发展战略，以色列在创新、研发领域具有全球公认的领先地位。继续深化中以合作仍有巨大潜力，双方在相互尊重和平等基础上致力于开拓和深化创新合作符合两国和两国人民的根本利益，对两国发展具有深远意义。为此，双方决定建立"创新全面伙伴关系"。[1] 根据报告可以看出，中以政治关系保持着良好互信的水平，即双方信任彼此的友谊和善意。

中国是安理会常任理事国和东亚地区的大国，同时在全世界有着广泛的经济利益，这决定了中国对外关系中的重点是周边关系和大国关系，中东地区是中国外交相对边缘的领域[2]。对以色列来说，中国不会支持以色列在巴以问题上的强硬要求，更不会帮助维护以色列在中东地区的

---

[1] 中华人民共和国外交部网站，http://www.fmprc.gov.cn/web/gjhdq_676201/gj_676203/yz_676205/1206_677196/1207_677208/t1447466.shtml，上网时间：2017年6月23日。

[2] 王猛：《论"一带一路"倡议在中东的实施》，《现代国际关系》，2017年第3期，第17页。

军事霸权地位，中国之于以色列的重要性除了外贸市场之外，更多的是中国潜在崛起的可能趋势吸引着以色列。

近年来，随着中国综合国力和国际影响力的不断提升，越来越多的国家开始承认和关注中国日益崛起的事实，一向以智慧著称的犹太民族更是对这一信息保持高度敏感性，"向东看"的趋势日益明显，以色列渴望抓住中国崛起所创造的机遇，同时更加密切关注中国在中东事务上的立场和作用。以色列驻华大使马腾（Matan Vilna'i）表示："中国是一个积极的力量……不久即将成为世界第一大经济体，因而我们与中国在各个领域的联系都将非常重要。"[1] 以色列的中国研究专家约哈姆·埃夫隆指出："近10年来，特别是最近5年，中国在中东事务上的参与力度可谓不断深化。尽管中国希望将其在该地区的活动控制在经济领域内，但是中国对中东石油的依赖迫使其不断提升与该地区的政治联系，在一定程度上还包括军事联系。中国主要通过培养广泛的外交关系、增加投资、对中东区域政治进程表示兴趣、武器贸易以及近期谨慎增加其军事存在等方式强化政治和军事联系。"[2]

以色列一方面期待中国在中东事务中发挥更巨大和更具建设性的作用，但也担忧中国会站在阿拉伯国家、伊朗等国的立场上反对以色列，同时警惕中国在巴以问题上的"站队"。约拉姆·埃夫隆也担忧地指出，中国在中东地区的政治战略地位及目标，将有可能与以色列利益相左，在他看来，"中国在中东地区的首要目标就是争取能源独立，这一目标要求中国发展与伊朗和沙特阿拉伯的友好关系……在此情况下，未来中

---

[1] Herb Keino, "The Symbiosis of China and Israel", *Jerusalem Post*, May 11, 2013. 转引自刘丽娟：《当代以色列人的中国观》，《国际关系研究》，2015年第2期，第135页。

[2] Yoram Evron, "The Chinese Chief of Staff Visits Israel: Renewing Military Relations?" *INSS Insight*, No. 275, Tel Aviv: Institute for National Security Studies, August 17, 2011. 转引自刘丽娟：《当代以色列人的中国观》，《国际关系研究》，2015年第2期，第140页。

第一章 政治经济篇

东地区出现地域纷争时，中国有可能采取反对以色列的立场"。①

2013年5月6日，中国国家主席习近平在北京与巴勒斯坦领导人阿巴斯举行会谈时，提出了"中国关于解决巴勒斯坦问题的四点主张"，主要内容包括：第一，应该坚持巴勒斯坦独立建国、巴以两国和平共处这一正确方向；第二，应该将谈判作为实现巴以和平的唯一途径；第三，应该坚持"土地换和平"等原则不动摇；第四，国际社会应该为推进和平进程提供重要保障。② 中国不会改变在巴以问题上的立场，但也不会过度介入巴以问题。

在中国看来，除了中以双边关系之外，中方同样期待以色列能够在构建中美"新型大国关系"中发挥作用，帮助中美之间保持良好关系、提高战略互信。根据以色列国际关系学专家的看法，"北京欣赏以色列能够成为其与美国进行沟通的一座桥梁。中国一些领导人也认为以色列能够充当一个有用的对话者……内塔尼亚胡要采取巧妙办法来使中国意识到，如果中国想要与美国构建良好关系，那么与以色列的友好关系将成为有用工具"。③

但在中以双边关系上依然存在着一些问题。首先，以色列国内还有很多人包括学界对中国的认知远远落后于时代，对中国保持着狭隘的猜疑态度；其次，美国确实曾经多次在以色列生死存亡的时刻保护过以色列或给出了至关重要的援助，所以以色列主流的趋势还是紧靠美国维护生存；最后，以色列的国家安全观念深受其民族历史影响，充满了霍布斯式的丛林法则，在美国的长期袒护下从不惮于违反联合国宪章准则和国际规范。所以，中以双方需要增加民间、学界的交流往来，增进和更

---

① Yoram Evron, "Chinese Investments in Israel: Opportunity or National Threat?" *INSS Insight*, No. 538, TelAviv: Institute for National Security Studies, April 8, 2014. 转引自刘丽娟：《当代以色列人的中国观》，《国际关系研究》，2015年第2期，第141页。

② 《习近平提出中方关于解决巴勒斯坦问题的四点主张》，新华网，http://news.xinhuanet.com/politics/2013-05/06/c_115653791.htm，上网时间：2017年6月23日。

③ Herb Keinon, "Tips for Netanyahu, While He's in China", *Jerusalem Post*, May 6, 2013. 转引自刘丽娟：《当代以色列人的中国观》，《国际关系研究》，2015年第2期，第147页。

新双方对彼此的认知了解，理解对方的政治立场和难处，不过高估计和抱有超过现实的期望。

中国与以色列虽然建交时间不长，但中以关系由来已久，两国人民也存在着长期的友谊，双边关系发展有深厚的历史文化基础。以色列并不敌视中国，也不宣传"中国威胁论"，反而将中国视为国际社会的负责任大国，支持中国在中东问题上发挥更大作用。中国既没有反犹历史，也尊重以色列在中东的存在，所以中以之间没有直接的利益冲突，存在着广阔的合作空间。中以合作的核心是经济，其次是文化，在高技术、农业、教育等领域大有可为。

第三节　建交后的中以经贸关系发展

中以经济贸易合作是推进两国关系发展的一项重要支柱。以色列拥有各项先进技术和领先世界的科研创新能力，而中国拥有广阔的市场与强大的生产制造能力，因此中以两国在经济上形成了天然且高度互补的优势。中以两国之间发展经贸合作对双方来说是双赢的选择。

（一）中以经贸发展的历程

中以经济贸易双边关系的发展大致可以分为三个阶段：中以贸易来往的空白期（1949年10月1日—1976年9月）；中以经贸关系的试探期（1976年9月—1992年1月24日）；中以经贸关系的发展期（1992年1月24日至今）。

第一阶段，1949年10月1日—1976年9月这一时期中以两国的贸易记录几乎为零。客观上来说，以色列刚刚从战争中走出来，面临紧迫的外部军事压力，当时对于这个新建立国家的首要任务是加强国防军事建设，维护国家安全，而且以色列当时国内工业基础极其薄弱，国内资

第一章 政治经济篇

源贫乏,并不存在大力发展经济的内外环境。从中国方面来说,新中国刚刚成立,长期内战带来的经济局面同样是十分严峻的,工业基础薄弱,百废待兴。而且当时中国主要从苏联和东欧社会主义国家引进设备和技术。所以,不论是当时的中国还是以色列都不存在发展经济贸易的基础和条件。

第二阶段,1976年9月直到两国建交前,中以在经历了长达近30年的经贸空白期之后,逐渐开始了一些间接性、小规模的经贸合作。在这一时期中国的大政方针出现了一些转变,开始以经济建设为中心、对外开放寻求广泛合作,在居住在以色列的国际商人的带动下,以色列开始通过香港,间接向中国出口商品,进行一些小规模、实验性的农业合作。不过在这一阶段初期,中以的接触却是非公开的,这主要是为了不影响中国在阿拉伯和伊斯兰世界日益增多的经济利益,毕竟在80年代,中东和北非成了中国最大的外汇来源地,是中国发展经济不可或缺的地区。[1] 事实上,在这一阶段,中以经贸接触的增多和逐渐的公开化也为后来两国建交后的经济贸易发展奠定了基础。

第三阶段,1992年1月24日中以两国正式建立外交关系,为两国经贸合作的发展创造了有利条件和坚固保障。[2] 建交后两国的经贸关系进入了一个全新的阶段,发展迅速,增长率大增。从1992年起步,当年双边贸易额就骤增至5147万美元;1993年再增至1.5亿美元,增长了1.9倍以上;1994年达2.498亿美元,比1993年增长了63.5%;1995年1—6月双边贸易额已达1.4亿美元,比1994年同期增长60.4%。[3] 到2016年时中以双边贸易额已经达到113.5亿美元,比1992年建交初期增加了200多倍。

---

[1] Yitzhak Shichor, Small Cracks in the Great Wall: Prospects Sino—Israeli Relations (London: Institute for Jewish Affairs, 1987), p.8. 转引自何波:《对中国—以色列经贸关系发展的历史分析》,《哲学历史》,2011年第10期。
[2] 马秀卿:《我国和以色列经贸关系的发展》,《西亚非洲》,1996年第2期。
[3] 贾伟恩:《中以经贸合作前景广阔》,以色列驻华商务参赞处。

由此可以看出，在建交初期中以两国积极开展贸易往来，取得了较好的经济效益。20世纪90年代，以色列处于经济自由化的时期，中国对于以色列来说有很大的发展空间，是具有战略意义的广阔经济市场。中国的改革开放政策也吸引了众多以色列的企业来华投资开展经济合作。自1992年中以建交以来，双边关系蓬勃发展，高层互访往来不断，经济贸易额连年攀升。自2013年中国提出"一带一路"倡议后，以色列积极参与，2016年3月成为亚投行首批创始会员国，又在2017年3月21日中以建立了"创新全面伙伴关系"。毋庸置疑，今天中以的经贸关系迎来了最好的发展机遇。

（二）中以经贸发展的现状

近年来，随着中以两国的高层互访频繁，两国政府对经贸合作高度重视。2013年中国国家主席习近平提出"一带一路"倡议，得到世界上很多国家的支持与响应，以色列作为中东地区的大国也积极投入，响应中国的"一带一路"倡议。目前在全球范围内，中国是以色列仅次于美国的第二大贸易对象国。

2013年7月11日，以色列经济部部长内夫泰利·班尼特（Naftali Bennett）访华，班尼特在上海召开见面会，他带领了近30家以色列企业来华寻找合作机会，并且与中国多家软件、金融服务类企业进行了配对。以色列的水处理技术、农业、能源、医疗、安全、金融服务行业等领域有着强大的优势，这同时也是吸引中国投资的重点。班尼特说，"以色列的最大优势在于资源利用能力，我们能让一头年产5000升的奶牛奶产量增至12500升。"在这次两国的深入合作中，以方愿意输出自己的优势技术，尤其是向中国推广包括海水淡化在内的水处理技术以及再生能源和清洁能源等能源利用技术。班尼特称他非常欣赏中国领导人的前瞻性，也对以色列的国家创新意识抱有自信，他认为两国可以采取优势互补方式来继续合作,他会从以色列民众层面多方开展、扩大与中国的交流。[①] 2013年,中以两国双边贸易额达108.3亿美元,其中中国向以色列出口76.5亿美元,从以色列进口31.8亿美元。中国成为以色列在亚洲的第一大贸易伙伴。[②]

2014年5月,中国国务院副总理刘延东访问了以色列,与以色列总理内塔尼亚胡签订了《中华人民共和国政府和以色列国政府关于成立中以创新合作联合委员会的备忘录》。以色列方面高度评价当前中以经贸合作的良好成效,强调以方重视双方在自由贸易、风险投资、基础设施等经贸领域的互利合作,期待着此次访问取得深化和扩大合作的积极效果。中方希望双方进一步落实两国领导人达成的重要共识,特别是通过此次访华继续深化各种形式的经贸合作,推动两国友好合作关系进一步发展。[③]

2014年,中国成为以色列进口贸易额居第二位的国家(位于美国之后),在以色列的出口贸易额中,中国居第四位(位于美国、英国、土耳其之后)。据中国海关统计,2014年中以双边贸易继续保持稳步增长,进出口总额108.8亿美元,同比增长0.5%,占以色列对外贸易总额的8.5%。贸易结构持续优化,从以食品、钻石、化工等传统产品贸易,不断向高科技、新能源、生物技术、现代医药等方向发展转变,产品结构呈现多样化态势。中以服务贸易发展势头良好,2014年前三季度,双边服务贸易额5.1亿美元,其中中国服务出口2.8亿美元,进口2.3亿美元,主要集中在旅游、运输、咨询等领域。中国是以色列在亚洲的第一

---

① 《以色列经贸部长访华寻投资,金融科技领域将是重点》,中以网,http://www.china-israel.cn/article/show/id/67/cid/29,上网时间:2017年10月10日。

② 《中国和以色列合作简介》,中华人民共和国驻以色列大使馆经济商务参赞处网站。转引自:《2014以色列发展报告》,章波:《2014年中国和以色列的经贸关系》。

③ 《吴彬参赞陪同高燕平大使会见以色列经济部长本内特》,中华人民共和国商务部网站,http://www.mofcom.gov.cn/article/i/jyjl/k/201411/20141100782653.shtml,上网时间:2017年10月11日。

大贸易伙伴，也是其全球第二大贸易伙伴。①

2015年3月31日，以色列总理内塔尼亚胡签署了以色列加入亚投行（亚洲基础设施投资银行）的申请②。4月15日，经已有的亚投行意向创始会员国同意，以色列正式成为第57个亚投行意向创始会员国之一，这为中以加强贸易合作提供了很好的平台。在2015年的《政府工作报告》中，李克强总理指出，加快实施自贸区战略，尽早签署中韩、中澳自贸协定，加快中日韩自贸区谈判，推动与海合会、以色列等的自贸区谈判，力争完成中国—东盟自贸区升级谈判和区域全面经济伙伴关系协定谈判，建设亚太自贸区。③ 其中提到推动与以色列的自贸区谈判一项，这是以色列第一次出现在中国的政府工作报告中。根据以色列中央统计局的数据，2015年，以色列从中国的进口额约为57亿美元，以色列向中国出口额约为32亿美元。总体来说，中国与以色列的经贸关系发展状况积极而稳定。

2016年，中以关系发展以及政府间合作达到了新高度，双方签署了一系列的双边协定。2016年3月，中国国务院副总理刘延东访问以色列，与以色列总理内塔尼亚胡共同宣布启动了中以自贸区谈判。2016年4月10日，由以色列议会代表团议长尤利·埃德尔斯坦（Yuli Edelstein）率领，包括议员艾里·阿拉罗夫（Eli Alalof）、迈克尔·罗津（Michal Rozin）以及亚科夫·佩里（Yaakov Peri）等组成的以色列议会代表团对中国进行了为期五天的正式访问，此次访问进一步加深了两国的关系。2016年9月，中国全国人大常委会委员长张德江接受以色列议长埃德尔斯坦的邀请对以色列进行回访，这也反映出了两国的关系不断加强。在这样的合作背景下，目前在中国运营的以色列企业已经超过了1000家。

---

① 《2014年中以双边贸易情况》，中华人民共和国驻以色列国大使馆经济商务参赞处，http://il.mofcom.gov.cn/article/zxhz/tjsj/201505/20150500985318.shtml，上网时间：2017年10月11日。

② 2015年3月31日，是中国倡导的亚投行接收意向创始成员国申请的截止日期。

③ 李克强：《2015年政府工作报告（全文）》，中国政府网，http://www.gov.cn/guowuyuan/2015-03/16/content_2835101.htm，上网时间：2017年10月11日。

第一章 政治经济篇

2016年11月3日，中以企业家投资论坛在以色列特拉维夫举行，以色列出口与国际合作协会、以色列经济与产业部对外贸易管理局、首席科学家办公室等机构官员与中国国家发展和改革委员会代表团、中国国家开发银行代表团等百余名中国政府官员与企业家共同出席。此次论坛的中国与会者中包括近10个城市政府代表团及140多名各省市企业家代表。以色列总理本杰明·内塔尼亚胡表示，与中国的经济合作是以色列国家经济发展的战略重心，中以创新合作是中国开放式国家创新发展战略的重要力量，企业是中以合作与创新的主体，此次会议为中以企业交流搭建了良好平台。以色列产业与经济部首席科学家阿维·哈桑（Avi Hasson）评价中国市场说道："中国对以色列来说不仅是一个巨大的市场，更是世界级的创新力量。"他表示，合作是中以科技与经济发展的最关键因素，以色列85%的初创企业资金来源于外国投资，50%的出口额来自科技领域，中方的资金和外贸市场是以色列经济发展的重要方向。以色列经济与产业部对外贸易管理局负责人欧哈德·科恩（Ohad Cohen）在论坛发言中表示，自贸区是促进中以合作强有力的框架支持，以色列产业与经济部将通过在中国设立机构、拓展部门合作等方法，促进中以合作深化发展。[1]

2016年11月，以色列外交部经济司以中经贸组组长希拉·英格哈德提到了中以在20年前签署的金融协议，签署金融协议的目的是给两国项目合作提供金融服务，然而之前由于以中合作项目有限，两国签署的金融协议始终没有物尽其用。希拉表示，希望2016年能够重新恢复以中在金融协议项下的合作，为协议关注的农业、能源、环境保护、高科技和金融五个领域的以中合作项目提供包括担保、投资以及设立办事处等服务。随着中国的经济腾飞，越来越多的中国企业和产品前往以色列，中国在以色列企业和以色列民众心目中已经成为不可缺少的重要市场，

---

[1]《中以企业家投资论坛在以举行多项合作协议签署》，《以色列时报》，http://cn.timesofisrael.com/latest/page/36/，上网时间：2017年10月12日。

中国对于以色列的重要性不断上升。远程医疗、食品安全、水处理，以及智慧城市、人工智能等未来科技，都是以中两国未来可以加强经贸合作的潜力领域。① 在 2016 年的中以双边贸易中，中国对以色列出口额达到 80 多亿美元，以色列对华出口额约 32 亿美元。

2017 年 3 月 21 日，习近平主席会见以色列总理内塔尼亚胡，并宣布中以双方建立"创新全面伙伴关系"，22 日以色列总理内塔尼亚胡结束对中国的国事访问返回以色列。内塔尼亚胡称访问期间中以签订了 25 项合作协议，涉及的总金额约 20 亿美元。两国建立创新全面伙伴关系将进一步推动中以创新合作，更好实现优势互补，为两国人民带来更多实实在在的好处。中以将加强发展战略对接，在共建"一带一路"倡议的框架内，稳步推进重大合作项目，重点加强科技创新、水资源、农业、医疗卫生、清洁能源等领域合作，拓展两国务实合作的深度和广度。②

2017 年 6 月 7 日，中国（广东）—以色列经贸合作交流会在特拉维夫举行，以色列与广东省政府经贸代表团及双方商界人士就中以经贸合作、中以关系等话题进行了主题会议与讨论。以色列经济与产业部部长艾里·科恩（Eli Cohen）、特拉维夫副市长阿萨夫·扎米尔（Asaf Zamir）、中国驻以色列大使詹永新及广东省委书记胡春华一行出席交流会。据新华社报道称，交流会现场签署合作项目共 21 项，金额共计 14.65 亿美元。③ 2017 年 7 月 11 日至 13 日，中国—以色列自贸区第二轮谈判在北京举行。中以双方就货物贸易、服务贸易和自然人移动、贸易救济、经济技术合作、电子商务、争端解决和其他法律问题等议题展开

---

① 《加强对华合作，以色列想法很多——访以色列外交部经济司以中经贸关系组组长希拉·英格哈德》，《国际商报》，2016 年 11 月 21 日，第 A04 版。
② 《2017 年 3 月 21 日央视新闻联播精华内容一览》，中商情报网，http://www.askci.com/news/finance/20170322/08524493934.shtml，上网时间：2017 年 10 月 12 日。
③ 《以色列与广东省签署二十余项目合作协议》，《以色列时报》，http://cn.timesofisrael.com/latest/page/5/，上网时间：2017 年 10 月 12 日。

第一章 政治经济篇

磋商,并且取得积极进展。①

(三)"一带一路"倡议下中以经贸合作的前景

1992年,中以两国的双边贸易仅有5000万美元,2016年增长到113.5亿美元,增长了200多倍。两国之所以能在经济方面取得如此大的进展,与两国的经济发展状况密不可分。中以双方在经济上互补性强、吸引力大。中国人口众多、市场广阔,消费需求量大且国内又有大量劳动力。以色列国内市场狭小,劳动力缺乏,其高科技产品和技术有一定的优势,特别在通讯设备、电子设备、农业技术(包括新品种的培育、蔬菜和水果的加工、喷灌、滴灌设备的技术等)、化工产品、部分医疗设备等方面都比较先进。然而,以色列不产石油和煤炭,原料和动力资源短缺,对轻工业品、日用品、工艺品、丝绸、家用电器、一般医疗器械、医药和部分食品都有一定的需求。②

2017年3月,以色列总理内塔尼亚胡完成了访华之旅,此次访华取得了巨大的成功,签署了几项重要双边协定。双方在可再生能源、电信、农业和生物医学领域进行合作,新协议的签署满足了两国在以上领域经济发展的需要。中国正面临较大的能源缺口,急需足够的资源支持经济的持续增长。同时以色列希望利用中国市场,发挥其在技术上的优势展开多领域的经济合作。然而,在以色列与中国发展的经济合作中,双方都应该意识到合作中的机遇与挑战。

从以色列方面看,以色列政府把注意力集中在商业上,可以从中以签署的双边协定以及经济合作领域中看出,中以双边协定中的大多数核

---

① 《中以自贸区第二轮谈判在北京举行》,《以色列时报》,http://cn.timesofisrael.com/%e4%b8%ad%e4%bb%a5%e8%87%aa%e8%b4%b8%e5%8c%ba%e7%ac%ac%e4%ba%8c%e8%bd%ae%e8%b0%88%e5%88%a4%e5%9c%a8%e5%8c%97%e4%ba%ac%e4%b8%be%e8%a1%8c/,上网时间:2017年10月12日。

② 马秀卿:《我国和以色列经贸关系的发展》,《西亚非洲》,1996年第2期。

·041·

心技术上的合作都不涉及军事、航空航天等敏感领域。以色列对中国出口的商品以化工产品、集成电路等为主，总体来说出口商品相对比较单一。而中国对以色列出口的商品种类相对来说分布得很广，从机电产品到纺织服装、从金属制品到化学产品、从塑料橡胶到各类生活用品，涵盖了工业和日常生活的各个方面。[①] 除此之外，双边的贸易额差距也较大。2016 年的中以双边贸易额，中国对以色列出口额达到 80 多亿美元，以色列对华出口额约 32 亿美元。不仅以色列对华贸易逆差较大，而且中以在对方贸易对象国中的地位也差距较大，中国在以色列贸易的进口对象国和出口目的地国中都高居第二位；而以色列在中国的出口目的地国和进口对象国中则排名靠后得多，双方的贸易地位颇不均等。[②]

虽然中以的经贸发展存在不对称性，但从双方贸易发展的走向来看，今后中以的经贸关系可以弥补这一点。首先，2016 年 3 月，中以两国同意正式启动中以自贸区的谈判，在 2017 年 7 月 11 日至 13 日中以自贸区的第二轮谈判也顺利开展。中以自贸区的建立会促进以色列的企业来华投资发展，中国也会更为便利地学习到以色列更多的高科技技术。其次，中以关系的进一步发展以及以色列国内高质量服务业的发展，吸引了大量的中国游客来到以色列旅游，特别是在 2016 年，两国同意相互为对方公民发放为期 10 年的旅行签证[③]。中国游客赴以旅游及带来的消费在一定程度上可以平衡以色列对华的贸易逆差。再者，伴随中国经济结构的不断调整和重组，中国需要在防止荒漠化、海水淡化、提高农业产量等方面获取技术上的支持，将新的高科技融入经济发展过程中。以色列在这些领域的技术水平一直处于世界领先地位，并且以色列也不介意将这些先进技术对外扩散，以色列的高科技创新平台已经成为中国经济战略

---

① 陈广猛：《中国和以色列双边经贸活动不对称的互补关系》，《对外经济实务》，2017 年 9 月 10 日。
② 陈广猛：《中国和以色列双边经贸活动不对称的互补关系》，《对外经济实务》，2017 年 9 月 10 日。
③ 魏凯丽（Carice Witte）、耶胡达（Yehudah Sunshine）：《2016 年中国与以色列的关系》，《以色列发展报告 2017》，社会科学文献出版社 2017 年版，第 274 页。

的新方向。① 最后，以色列的创新能力以及先进的科技技术闻名世界，但鉴于以色列本国的市场有限，周边阿拉伯国家大多不对其开放，而中国国内有很大的市场，对以色列的高新技术也有一定的需求。因此，在这一层面上以色列与中国的经济发展需求的互补性强，双方的经贸合作在可预见的未来将会有很好的发展前景。

---

① 魏凯丽（Carice Witte）、耶胡达（Yehudah Sunshine）：《以色列与"一带一路"倡议》，《以色列发展报告2017》，社会科学文献出版社2017年版，第287页。

第二章

人文教育篇

中华民族和犹太民族分别拥有世界上两大古老文明，都有着悠久的历史和灿烂的文化，都曾对世界文明的发展做出不小的贡献。同时两个民族在历史上有着极为相似的地方：两个民族都遭受了深重的灾难，面临着几乎国破家亡的命运。但是，都在历经挫折之后毅然奋起，通过自身的顽强和努力迈向民族复兴的道路。中国人和犹太人的友好交往由来已久，双方之间的人文交流很早就已经开始，贯通欧亚大陆的古代丝绸之路是最早将这两大文明连接起来的文明通道。自 1992 年 1 月 24 日以色列与中国建交以来，双方在文化、教育、旅游领域的合作迅速发展，随着"一带一路"倡议的提出及开展，两国的文化交流得到了进一步的深化。

第一节 中以文明的文化渊源

（一）历史上的犹太人在中国

历史上，中华民族和犹太民族有过漫长的交往。两大民族之间的文明交往始于丝绸之路，丝绸与茶叶充当了双方交往的重要文化符号。据

第二章 人文教育篇

记载，早在公元 2 世纪，犹太人就已经出现在中国。犹太商人在中国购买商品销往其他国家，其中有一部分犹太人开始在丝绸之路沿途城市定居下来。中国人对于犹太人友好宽容的态度便利了犹太人在中国的定居，并且形成了一定规模的犹太社团，犹太人从此广泛分布在中国各地，如上海、哈尔滨、开封、香港等地，并随着中国政治、经济中心四处迁移。近代以来，鸦片战争迫使中国打开了"对外开放"的大门，犹太人陆续进入中国。尤其在第二次世界大战期间，大批犹太难民逃往上海避难，得到了友好的接待，这段历史也成为后人津津乐道的一段佳话。

上海的犹太人口自鸦片战争之后迅速增加，在英国的保护下，中东的犹太商人从印度来到上海发展。[①] 得益于其优越的地理位置，上海成为中国近代对外贸易的中心城市，繁荣的经济市场吸引了很多犹太人移民赴上海发展，自 19 世纪中期起，部分犹太人便在此地开始进行贸易，他们大多数来自英属印度，从茶叶、丝绸的贸易开始，逐渐发展到工业、金融、房地产等方面，并且迅速积累起巨额财富，成为了上海乃至远东最富有的犹太商人集团。20 世纪初期，上海的犹太人达到了 3 万—4 万人。20 世纪 30 年代，由于德国纳粹政权崛起，希特勒下令屠杀犹太人，又有大批的犹太人从欧洲逃离到上海避难，当时的上海是全世界收纳犹太难民最多的城市之一。

除了上海的犹太商人集团外，19 世纪末期，随着连接俄罗斯的西伯利亚大铁路东部支线在中国境内的兴建和通车，哈尔滨的犹太人出现了。为了逃避东欧、俄国的反犹狂潮以及十月革命后的动乱，许多犹太人纷纷从俄罗斯、欧洲和世界各地来到哈尔滨——这个对他们没有歧视和排斥的地方。由于沙皇允许俄国犹太人在哈尔滨生活，当时许多俄国犹太人经西伯利亚铁路从中东来到中国，并在哈尔滨和周边一些村镇定居生活了下来。到了 20 世纪 20 年代，犹太人社区已经有 2 万左右的人口，

---

① 潘光：《来华犹太人的国籍和法律问题（1840—1945）》，《社会科学》，2006 年第 2 期，第 121—130 页。

占当地人口5%以上，占俄、美、英、法、日等国侨民总数的10%以上。随着教堂、商场、银行、医院、剧场、图书馆、卷烟厂、啤酒厂、慈善会、保险公司、贫病救济院、报刊出版社等一些基础性机构的建立，一个相当完备的犹太人社会体系慢慢形成。同时，在社会科学、自然科学、文化艺术等领域，犹太人同时也是西方文明的优秀传播者。据统计，在20世纪20年代，从事教育、律师、记者、工程技术、文化艺术等行业的高智商人才，占哈尔滨犹太人人口比例的33.8%。这样的比例，即使在今天，也不低于某些发达国家的平均水平。

其次是开封犹太人，开封曾经是中国最早、规模最大的犹太人定居点。北宋时期，一部分犹太人随着阿拉伯人、波斯人通过丝绸之路来到了当时举世闻名的国际大都市——东京（今河南开封）。从12世纪中叶到19世纪后期的700多年是开封犹太人兴盛和发展的重要时期，教众最多时达73姓，500余家，约4000—5000人。随着犹太人在开封的定居生活，古老的希伯来文明与博大精深的中华文明相互接触，当时主流的儒家文化对犹太知识分子产生了巨大的吸引力，并由此带动开封犹太人逐渐产生了仿效心理，自愿选择了归化。

再次是香港的犹太人，在第二次世界大战之前，香港的犹太人规模较小，其原因是众多的犹太商人都被吸引到了上海。但在20世纪60年代后，香港成为金融和贸易中心，吸引了世界各地的犹太侨民。香港犹太社团开始发展起来，生活基础设施逐步完善，并且建成了许多著名的犹太机构，比如犹太教社区中心、犹太教国际学校、犹太餐厅和犹太图书馆等。

可以看出，历史上中华民族和犹太民族有着很好的交往历史。古代的中国曾有着规模大小不一的犹太社团，经过上千年的生活，他们慢慢融入中华民族的大家庭。尤其是在第二次世界大战期间，富有人道主义精神的中国人对处于水深火热的犹太人伸出了援助之手，使得数万名犹太人逃离了残暴的纳粹大屠杀。作为难民来到中国的犹太人，受到了中国人民的友好接待，让他们在长期战乱和流离失所中有了一处栖息之地，

第二章 人文教育篇

从此两个民族结下了深厚的友谊。

（二）犹太民族与中华民族的文化比较

中华民族和犹太民族都有着古老而悠久的历史，为人类的文明发展做出了巨大的贡献。犹太人为世界留下了许多宝贵的文化，比如犹太教：它既是一种信仰——对上帝的无限敬畏和对人的充分肯定；也是一种伦理道德，给予犹太人对人、对世界万物的基本信念，规定了犹太人的生活准则和行为规范；它还是一种生活方式，在尊老爱幼、饮食起居、婚丧嫁娶等诸多生活领域都有其独特的阐发；犹太教更是一种文化，一种古老、原始而粗犷的文化，在世界文明的演化进程中举足轻重。犹太人为世界贡献了一部《圣经》，不仅滋养了西方的基督教文明，而且对伊斯兰文明的兴起也有一定的影响。再说到古老的中华文化，诸子百家的学说争鸣无疑开启了东方文明的源头，而作为指导中国甚或东亚世界几千年生活伦理、政治建构的儒家文化，对如今的中国、东方乃至全世界都有着举足轻重的影响。[①] 犹太民族和中华民族在命运上也有一定的相似性。犹太人遭受了数千年的流散之苦，经过长达近一个世纪的犹太复国运动，直到1948年最终建立了一个犹太人自己的家园和受难犹太人的避难所——以色列。而中华民族自鸦片战争以来[②]也饱受西方列强的欺辱和迫害，直到1949年中华人民共和国的成立，中华民族才再次屹立于世界民族之林。在这一点上，以色列与中国感同身受，对双方的境遇都有着深厚的同情与理解。

当然，由于不同的自然环境、生活方式和历史进程，中国和以色列也孕育出了各具特色的文化。中华文化总体来说以儒释道为核心，并且

[①] 彭树智主编，肖宪著：《中东国家通史——以色列卷》，商务印书馆2001年版，第303页。

[②] 一般来说，鸦片战争是中国遭受外国资本主义侵略的起点，它使中国由封建社会开始向半殖民地半封建社会转化，标志着中国近代史的开端。

兼有墨家、法家、兵家等思想，可谓是包容万象。第一，由于古代中国历史悠久、文明发达，且长期处于世界顶峰，所以中华文化中带有很强的民族自豪感；第二，中国的文化是一种道德性而非宗教性的文化，强调道德伦理对人的一种约束，从外部传来的宗教对中国文化体系的影响较小；第三，中国的儒家文化长期占据主导地位，它强调在君子个人修养的同时，也强调外在的等级和尊卑，"不在其位，不谋其政"要求每个人各司其职，遵守自身所处的等级序列；第四，古代中国是一种典型的农耕文明，重农抑商、自给自足，这样的生活持续了数千年，使得人民也渐渐习惯于一种安定的生活，安土重迁；最后，中国历来讲求"和为贵"，反对战争并且有一种同情弱小的思想。① 这就又不得不提到对中国影响最大的儒家文化，以和为贵，反映了中华文化里注重和谐的特点，并且主张用仁爱化解一切的矛盾。这样的意识形态与中国的历史有着不可分割的关系。

  同样有着古老文明的犹太民族，历史上饱受战乱与欺凌，有着数千年颠沛流离、居无定所的生活。犹太人强烈的复国兴邦的思想源于"巴比伦之囚"② 事件，这一事件在整个犹太民族的心灵上造成了深远的影响，使他们产生了对故土、圣殿强烈的怀念，犹太人因沦为阶下囚而对故国深深的思念之情，也就是如今人们所说的犹太人的"回乡观"。在巴比伦的犹太人不能够在短时间内回到故乡，久而久之，内心的思乡之情变成了一种强烈的民族愿望，希望有朝一日能够回到故乡，回到耶路撒冷。那时，民族复兴的思想就深深地根植于每个犹太人的心中。而当

---

① 孙毅：《从文化角度探究中以关系的发展》，《文史月刊》，2012年7月。

② 公元前722年，在近东地区崛起称霸的亚述帝国南下，此时的以色列王国错误地与埃及结盟，无法抵挡亚述强大军队的进攻，被亚述一举消灭。亚述帝国当时称霸的态势，使得犹大王国事实上成为亚述帝国的附庸。到了公元前597年，新巴比伦王尼布甲尼撒二世军攻破了耶路撒冷，掳走了犹大国。到了公元前586年，新巴比伦又一次进攻犹大王国，这一次无疑使其遭受了灭顶之灾，至此，犹太人独立的历史也就结束了。丧国的犹大王与数万名犹太人的上层人士和一些学者被掳到千里之外的巴比伦，过着囚徒般的生活，史称"巴比伦之囚"。参见徐新：《犹太文化史（第二版）》，北京大学出版社2011年版，第17—18页。

第二章 人文教育篇

这种强烈的复国思想与宗教救赎的信念结合在一起后，便形成了最初的犹太复国主义思潮。在犹太文化史上，《圣经》的出现不仅标志着犹太民族传统的形成，而且标志着犹太文化在历史上一个高峰的出现。《圣经》文化的内容固然与犹太民族的整个历史相连，与犹太民族的故土家园相连，是犹太民族大流散前历史、政治、宗教、文化、生活、思想的记录和反映，但同时它也是在两河流域文明的影响下，在继承、消化和吸收两河流域上古文化（包括上古埃及）的基础上形成的，因此与两河流域的文化特征紧密地联系在一起。①《圣经》中最主要的一神论的思想可谓是犹太民族文化的精华。犹太人的一神思想对世界的影响是巨大的。首先，统一的宇宙观的思想，一神论的精髓在于上帝是唯一的，除此之外没有别的神的存在。这样的思想对于宗教而言是一种进步，并且在人类的文明史上是一种创新。其次，一神的思想对于时间观念的认识上有很大的突破，历史不是不断重复的，而是不断更新的。也正是因为如此，犹太人根据对"现在"的认识，提出了今世的思想，而来世的观念相比之下显得没有那么重要了。在犹太人的思想中，除了一神论之外，契约的思想也是一个相当重要的观念。犹太教的教义认为，整个犹太民族是上帝的特选子民②。犹太人与上帝立约，与犹太民族尤为重视的契约观是紧密相连的。"契约观"认为：犹太人和上帝之间的关系不再是一种内在的、无可奈何的血缘关系，而是一种外在的、经过思考的"约"的关系，是通过犹太民族选择了上帝，上帝选择了犹太民族的这样一种"双向选择"的过程而确定下来的关系。③这样的观念对犹太人意义非凡，使得犹太人在受到迫害的时候能够得到心灵上的安慰。

---

① 徐新：《犹太文化史》，北京大学出版社2011年版，第70页。
② "特选子民"是《圣经》中对犹太民族的一种称谓，是犹太神学观的一个组成部分。犹太教教义认为犹太民族是上帝从万民中挑选出的一个特别的民族，故称自己为"特选子民"。
③ 徐新：《犹太文化史》，北京大学出版社2011年版，第78页。

（三）中以建交后的双边文化交流

中以两国于 1992 年 1 月 24 日正式建交。25 年以来，中以两国在双边关系各个领域发展良好，文化领域的合作成果尤为突出。1993 年 5 月 20 日，《中华人民共和国政府和以色列国政府文化协定》签订，拉开了中以两国双边文化交流合作发展的序幕。从同年 11 月 7 日签署此协定的第一个年度执行计划（1994—1995 年）开始，中以双方以此为基础，持之以恒地将这一协定机制贯穿至今。在中以文化协定的框架下，丰富多彩的双边文化交流活动顺利展开。1994 年，中以两国签署旅游合作协定，为各自国家的人民打开了了解彼此历史文化的窗口。随后，两国文化协定本着稳步推进的原则陆续签署了迄今为止共计七个年度的"文化协定执行计划"——1995 年 10 月 24 日签署第二个年度执行计划（1996—1998 年），1998 年 11 月 6 日签署第三个年度执行计划（1998—2001 年），2003 年 2 月 24 日签署第四个年度执行计划（2002—2005 年），2007 年 1 月 10 日签署第五个年度执行计划（2007—2010 年），2011 年 6 月 21 日签署第六个年度执行计划（2011—2015 年），2015 年 1 月 29 日签署第七个年度执行计划（2015—2019 年），这些循序渐进的计划，推动中以双方在文化、艺术、文物、电影、电视、文学和教育等领域的交流与合作取得了长足发展。

随着中以两国文化交流合作的逐步深入，教育领域的合作也随之广泛开展起来。2007 年，"中国文化节"在以色列举行，特拉维夫大学孔子学院也于当年成立，这所孔子学院为中以两国人民的友好交往打造了一个新的平台，进一步方便了以色列人民学习汉语、了解中国，促进了两国教育、文化和经贸交往。[①] 同年 10 月双方签署《中国旅游团队赴以

[①] 《中国与以色列签署开办"孔子学院"协议》，中华人民共和国外交部网站，http://www.fmprc.gov.cn/web/gjhdq_676201/gj_676203/yz_676205/1206_677196/1206x2_677216/t435986.shtml，上网时间：2017 年 3 月 25 日。

第二章 人文教育篇

色列旅游实施方案的谅解备忘录》，根据该备忘录，中国公民可自费团体赴以色列旅游，双方旅行社可签订业务合作合同，中国公民赴以旅游进入实际操作阶段，进一步促进两国人民之间相互了解、加深友谊和开展合作的良机。

2009年"感知中国——以色列行"大型文化交流活动在以举行，增进了以色列人民对中国的了解，加强了两国友好往来，特别是文化方面的交流，为以色列友人更多地了解中国、感知中国提供一个有益的平台和窗口，进一步促进了中以关系的发展。[1]

2010年，以色列首次以自建馆形式参加上海世博会，这是以色列参展世博会历史上的第一个自建馆。以色列展区副总代表亚法·本—阿里说："这将是一个缩小的以色列，也是以中两国开展更多交流与合作的新平台。"[2]

2012年，为庆祝中以建交20周年，以色列驻华大使馆在北京（10月13—20日）和上海（10月24—28日）两地举办"犹太电影周"，这与十年之前的"中国电影周"形成呼应。[3] 电影周的举办使得中国民众可以更加直观形象地了解犹太人的文化生活，从而加深两国人民的文化认同感。

2015年1月中以双方签署了《中华人民共和国教育部和以色列高等教育委员会关于组建7+7研究性大学联盟的联合声明》《中国国家留学基金管理委员会与以色列高等教育委员会合作协议》《中华人民共和国政府和以色列国政府文化合作协定2015年至2019年执行计划》，为双方

---

[1] 《驻以使馆举行"感知中国·以色列行"新闻发布会》，中华人民共和国外交部网站，http://www.china.com.cn/culture/aboutchina/yslx/2009-09/11/content_18505413.htm，上网时间：2017年3月25日。

[2] 《"缩小的以色列"——以色列首次以自建馆形式参展世博会》，中华人民共和国中央人民政府网站，http://www.gov.cn/jrzg/2009-10/22/content_1446771.htm，上网时间：2017年4月5日。

[3] 马丽蓉：《"一带一路"软环境建设与中国中东人文外交》，社会科学文献出版社2016年版，第88页。

学生和教师的交流与合作提供了必要的指引和保障，标志着中以高等教育双边合作机制的建立。

2016年3月，双方签署了《中华人民共和国政府和以色列国政府为对方商务、旅游、探亲人员互发多次签证的协定》，根据协议，以色列将为以商务或旅游为目的的中国公民颁发10年多次往返签证，中国也将给予以色列公民同等待遇，每次停留期不超过90天。在此之前，以色列从来没有与任何一个国家签署过类似"如此友好"的签证合作协议。4月28日，海南航空公司开通北京—特拉维夫航线，这是中国第一家、亚洲第二家开通直飞以色列航班的航空公司。①

同年，中以双方还签署了《中华人民共和国科技部与以色列国外交部"青年创新领袖计划"合作谅解备忘录》《中华人民共和国科技部与以色列国基础设施、能源和水资源部关于在能源与水资源领域开展研发合作的联合意向声明》《中华人民共和国教育部与以色列国高等教育委员会高等教育合作谅解备忘录》，进一步推动了中以在创新、教育合作方面的机制建设。

2017年是中以建交的第25年，为此将举办中以建交25周年系列庆祝活动。2017年3月19日至22日，应中华人民共和国国务院总理李克强邀请，以色列国总理内塔尼亚胡对中国进行正式访问。访问期间，中国国家主席习近平会见内塔尼亚胡总理，李克强总理同内塔尼亚胡总理会谈，全国人大常委会委员长张德江会见内塔尼亚胡总理，刘延东副总理会见内塔尼亚胡总理并共同主持中以创新合作联委会第三次会议。双方领导人就双边关系、各领域合作和共同关心的国际和地区事务交换了意见。双方一致认为，自1992年中以建交以来，在两国共同努力下，双边关系取得重大发展。双方建立了牢固的政治互信，经贸、科技、农业、卫生、教育、文化和学术等领域合作及人才交流不断加强。两国建交25

---

① 《中国以色列互发10年签证 海南航空首开直飞线路》，中以网，http://www.china.com.cn/travel/txt/2016-04/18/content_38266744.htm，上网时间：2017年4月5日。

第二章 人文教育篇

周年，双方以此为契机建立创新全面伙伴关系是对中以关系发展深刻内涵和重要意义的充分肯定，体现了双边关系多元、紧密和重要的特点，明确了两国关系今后发展的目标和途径。[①]

中以双边文化的机制建设取得的成果离不开以色列政府对推进中以文化交流特别是教育交流的重视。以色列政府看重与中国在文化上的双边交流，重视在以色列的中文教学，并且鼓励更多的学生学习中文。本·古里安曾说："对犹太民族而言，寻求与亚洲伟大而古老文明的精神与文化交流至关重要。"[②] 以色列教育部长夏依·皮隆在一次专访中说："我在以色列接触过一些中国留学生，他们给我的感觉非常好。我认为他们是以中两国之间的纽带，拉近了我们的距离。放眼望去，世界上没有几个国家能像中国和以色列一样有着悠久的历史和丰富的文化内涵，而且中以两国的往来可以追溯到两三千年以前。希望今后有越来越多的中国留学生选择以色列，在我看来，教育上的交流甚至比经济或其他领域更有成效。在特拉维夫大学有一所孔子学院，开设的汉语、书法、艺术等课程很受以色列学生欢迎。中国是一个文化大国，我没有办法给中国的教育体制提建议。但我希望中以两国能够一起创新、一起提问、一起寻找答案。"[③] 由此可见，中以教育交流得到了以色列政府高层的高度认可，这有助于以色列与中国更进一步的教育合作。

两国自建交以来文化交流不断，在"一带一路"倡议下，中国与以色列的人文交流又有了更深层次的意义。首先，两国的文化交流更

---

① 《中华人民共和国和以色列国关于建立创新全面伙伴关系的联合声明》，中华人民共和国外交部网站。http://www.fmprc.gov.cn/web/gjhdq_676201/gj_676203/yz_676205/1206_677196/1207_677208/t1447466.shtml，上网时间：2017 年 4 月 5 日。

② Shalom Salomon Wald, *China and the Jewish People: Old Civilization in a New Era*, Jerusalem: The Jewish, People Policy Planning Institute Ltd, 2004, p. 47.

③ 《专访以色列教育部长夏依·皮隆：以色列的专长是出口天才》，《环球时报》，2014 年 11 月 28 日，http://lx.huanqiu.com/2014/lxnews_1128/8987.html，上网时间：2017 年 4 月 5 日。

能够宣传和弘扬"一带一路"倡议互惠互利的观念,这一点不仅体现在经济发展上,双方的人文交流亦是如此。第二,"一带一路"的文化交流也逐渐形成了包容的文明交往观念,也就是坚持包容互鉴、合作共赢的理念,不同种族、不同文化、不同信仰的国家都可以共享和平,共同发展。第三,文化上的交流和这期间带来的文化认同感能够更好地促进教育事业的发展,尤其是在以留学生为主的教育合作交流的项目上。比如在校的留学生交换项目、高校代表团的互访。除此之外,孔子学院在以色列的开设也是双方建立文化交流的重要项目,尤其是在"一带一路"倡议的背景下,孔子学院作为中国大力支持的非营利性的教育机构,致力于推动中国语言文化在以色列的传播,在加快中国文化传播、提升中国文化软实力、树立中国良好国际形象等方面发挥了重要作用。

第二节 中以两国教育领域的交流与合作

(一) 以色列的教育发展概况

以色列是一个高度重视教育的国家。被誉为"以色列国父"的第一任以色列总理戴维·本·古里安说:"几千年的犹太民族史,几十年的以色列国家史,就是一部不断追求民族素质的历史。没有教育就没有未来。"2000多年的大流散历史让犹太民族彻悟,智慧和知识是最重要的武器。犹太人是最重视教育的民族,民族教育如中流砥柱,传承着民族苦难和文化社会习俗,形成犹太教为核心的民族凝聚力,犹太人因此千年流而不散,最终在故土立国。以色列建国后的辉煌建设成就更是深深得益于教育兴国的国策。

第一,以色列义务教育开展早。早在20世纪40年代,以色列建国初期,以色列政府就把教育工作重心放在了以色列义务教育的立法上。

第二章 人文教育篇

1949年4月，以色列的教育文化部成立，其主要职责是：维护发展教育体系；确定稳定的教育标准；培训和指导教师；推广教育计划和教学课程；改善教学条件，并组织和鼓励成人的教育文化活动。[①] 当年9月，议会审议通过了以色列最早的一部法律《义务教育法》，规定以色列5—14岁的儿童必须接受免费的义务教育，凡是符合义务教育的年龄，没有特殊情况，均需接受教育。当时的以色列尚处于战火纷争中，但国家依然把教育事业放在如此重要的位置上，可见犹太人对于教育的看重以及对于知识、文化的尊重。从另一方面也可以看出，以色列教育立国、科教兴国的决心，这个民族深信教育能够改变国家、民族的命运。于是在1953年，以色列又颁布了《国家教育法》，全面推行义务教育，将面对全国的教育分成普通教育和宗教教育，国家对于教育实行统一管理。[②] 这样的管理一方面有利于国民的基本素质教育和知识技能学习，根据国家的需要培养相应的人才，促进国家的发展；另一方面，统一的教育也能够促进世界各地犹太人的文化认同感，使其更好地融为一体。到了1968年，以色列的教育进行了一次改革，将义务教育从之前的小学初中扩展到了高中，义务教育也从9年延长到11年。[③] 1988年，以色列颁布《特殊教育法》对于一些特殊的儿童也进行相应的教育，从这一点可以看出以色列教育的普及程度较高。1999年，以色列的免费教育又扩大到了整个的大学前教育阶段，至此，以色列的教育达到了最大程度上的普及化。2001年，通过了《义务教育法》修正案，将义务教育的年龄从16岁提高到18岁，也就是说在以色列3—18岁的少年儿童都享受免费的义务教育。

第二，以色列教育投资占比大。教育的投资是教育发展良好的基础，以色列的国民教育投资自90年代以来一直呈现上升的趋势。在以色列的政府预算中，教育经费是仅次于国防经费的。按照占国内生产总值的比

[①] 雷钰、黄民兴：《列国志·以色列》，社会科学文献出版社，2013年版，第214页。
[②] 于蔚天：《以色列教育立国经验研究》，西北大学2011年硕士论文。
[③] 雷钰、黄民兴：《列国志·以色列》，社会科学文献出版社，2013年版，第214页。

例计算，以色列的教育支出高于所有的发达国家。以 2001 年的一份教育投资报告为例，与经合组织成员国相比较，以色列当年在教育方面的投资总额占国内生产总值的 8.6%，而经合组织 30 个成员国的教育投资平均数只占他们国内生产总值的 6.2%，其中美国为 7.3%，丹麦为 7.1%，其他成员国大多要低于上述两个国家。以色列对小学至高中的教育投资占国内生产总值的 4.9%，对高等教育的投资占 2%，其余为学前儿童与成人教育投资。而经合组织成员国分别占 3.8% 和 1.8%。从教育经费占政府财政预算的比例看，以色列 2001 年教育经费占政府财政预算的 13.7%，而经合组织成员国同期的平均教育经费只占 12.7%。以色列用于小学至高中的教育经费占政府预算的 9.1%，用于高等教育的经费占政府预算的 2.4%。经合组织成员国分别为 8.9% 与 2.8%。如兑换成美元计算，以色列花在学前儿童教育的经费每人每年为 3428 美元，与日本、西班牙、瑞典和芬兰差不多。小学教育经费每人为 4650 美元，中学教育经费每人 5617 美元，高等教育经费每人为 11494 美元。据统计，2001 年，以色列人均国民收入约 17000 美元。从 1995 年到 2001 年，以色列小学至高中的教育经费增加了 20%，高等教育经费增加了 16%。[1] 除了在教育上的投资以外，以色列还十分注重科研工作，以色列有七所大学：耶路撒冷希伯来大学[2]、以色列技术工程学院[3]、魏茨曼科学研究院[4]、特

---

[1] 徐启生：《以色列教育支出知多少》，《光明日报》，2004 年 10 月 13 日。
[2] 耶路撒冷希伯来大学始创于 1918 年，落成于 1925 年，是以色列第一所大学。除了斯科普斯山校区外，还拥有吉瓦克拉姆校区（理工学院）、雷霍沃特校区（农学院）和英科拉姆校区（哈达萨医学院）。全校有 7 个学科群（人文科学、社会科学、法学、理学、医学、牙医学、以及农业食品环境科学），15 个学院和 90 余个交叉学科研究中心以及 12 个图书馆（含犹太国家图书馆和大学图书馆）。
[3] 以色列技术工程学院成立于 1924 年，位于北部工业城市海法，是以色列成立最早的一所以工程和应用科学为主的大学，是以色列国防科学研究的佼佼者。该学院拥有国内最大的以研发为主的应用科学研究中心，航天工程学院在世界上有极高的知名度。
[4] 魏茨曼科学研究院成立于 1934 年，位于特拉维夫市东南约 35 千米的雷霍沃特市，该院是一个以研究为主的机构。

第二章 人文教育篇

拉维夫大学①、巴伊兰大学②、海法大学③以及内盖夫本—古里安大学④是研发工作的主阵地，是基础研究的中心，也是高科技人才的聚集地。以色列大学中科研成果向实际应用的转化是以色列科技发展很重要的一部分，以色列各个高校都设置有负责研究成果向商业转化的专门机构，帮助学生和科研人员申请专利，这就极大地激发了学生对于发明创造的热情和动力。大学是获得国外专利最多的部门，仅仅以色列的大学获得专利的数量就是美国大学的两倍以上，是加拿大大学的九倍以上。以色列的大学还成立了一些实业公司，专门负责推广自己的研究成果。在以色列大学中还有跨学科的研究和试验机构，主要从事对国家工业关系重大的科学和技术领域的工作。另外，还有很多院校就有关技术、行政、财务和管理等事宜对工业界提供咨询服务。⑤ 根据经济合作与发展组织的调查显示，在以色列总人口中拥有大学学位的比例居全球第四位，而且以色列还是世界上人均拥有律师和注册会计师最多的国家。以色列发达的教育为其经济的发展做出了不小的贡献。所以，以色列发达的科技、经济与以色列重视教育是紧密相连的，教育上的投资得到的回报是不可估量的。

---

① 特拉维夫大学成立于1956年，坐落在以色列文化、商业和工业中心的特拉维夫市。该大学是以色列规模最大的一所综合性大学，学校十分注重基础和应用科学的研究，其研究集中在电子器械、系统工程、电子计算机学、战略研究、医疗保健系统管理、技术预测、能源研究以及生态学等领域，是以色列首台超级电子计算机的诞生地。

② 巴伊兰大学成立于1955年，位于特拉维夫市东郊约10千米的拉马特甘市，是一所宗教教育气氛相当浓郁的综合性大学。该校的宗旨是知识优秀、现代精髓与以色列传统相结合，远离政治，致力于研究犹太学术传统。

③ 海法大学成立于1963年，位于海法市的卡迈尔山上。该校拥有6个学科群（人文科学、社会科学、教育学、法学、社会福利与健康研究、科学与科学教育）、57个研究中心以及闻名全国的考古博物馆、艺术廊等文化设施。

④ 内盖夫本—古里安大学：建校于1969年，坐落在以色列南部的贝尔谢巴市。于1973年以色列第一任总理本·古里安去世后，改为内盖夫本—古里安大学。该校设有工程科学部、健康科学部、自然科学部、人文和社会科学部，以及管理学院和克莱德曼研究生院。学校在新能源、旱地农业、水资源等领域的研究居于世界领先地位，并且与工业界有着密切的合作，获得的非政府资助经费居以色列大学首位。

⑤ 姜铁民、李宁：《科技、教育在以色列的地位》，《国际人才交流》，2014年2月6日，第2期，第30页。

最后，以色列教育有四个特点：

第一，以色列崇尚教育且重视基础教育。犹太人自古就有崇敬教育和知识的传统，办学仅次于敬神，教师地位重于父亲。这个传统在以色列建国后得到进一步发扬，教育成为国家建设最基本的投资。以色列开国总理古里安说，犹太历史的基本内容就一条：质量胜过数量。[1] 没有教育就没有未来。总理梅厄夫人曾说，教育投资是卓有远见的投资。[2] 纳冯总统说，教育投资就是经济投资，他退位后甘当教育部长。以色列建国时，仅有两人的教育部在战火中着手的第一项工作就是起草义务教育法。以色列教育重在基础，突出犹太传统、爱国、宽容精神，注重高层次高素质科技人才的培养。

第二，教育经费充足并落在实处。在以色列的政府预算中，教育经费处于优先地位，教育预算仅次于国防，约为10%，即便在战争年代，教育开支也在7%以上。近年来在巴以局势相对缓和的大趋势下，以色列国防预算下降，教育经费持续上升，以适应高科技发展。此外，政府拨款仅是教育开支的2/3，加上地方机构、企业、海外等资助，使以色列的200万学生人均经费达4000美元，其教育预算、设施和人才水准等均居世界前列。

第三，学生可以自主学习并且自由选择学习内容。在以色列，无论公立、私立、宗教和阿拉伯学校，课程都很注重教授人文和自然学科等基础知识。在6—3—3学制中，小学每周5天，高中6天，平均每周课时是小学45小时，初中55小时，高中55—60小时。初中课程为各类基础课程。高中增加选修课，采取学分制，一共分5级。基础课程2级，包括数理化、生物、历史、宗教、政治、电脑、英语、地理、体育等。选修课除了上述基础课程的高级班外，还有法语、阿拉伯语、心理学、

---

[1] 《跨越发展人才为先——以色列经济奇迹的启示》，网址：www.scimao.com/read/1678270，上网时间：2017年4月28日。
[2] 《以色列孩子在提问中长大》，网址：www.xzbu.com/1/view-5776562.htm，上网时间：2017年4月28日。

第二章 人文教育篇

电影艺术等,选修课程越多,级别分也就越高,达 5 级毕业考试百分制考 70 分以上,可以加 25 分。大学专业有不同的级别要求。如医学要求至少 4 级,电脑专业要求 5 级。因此,虽然中学不分文理科,但基础课程学生一起上大课,选修则分级上课,学生有很大的自由度。以色列的中小学课外活动很多,小学每周 1—2 次,去各种博物馆、展览会参观或旅游。尽管义务教育免费,但书本费、活动费也不菲。书本费每年 200—500 美元,活动费 100 多美元。高中毕业后,除了宗教和部分阿拉伯学生,其余学生均须服兵役,男生 3 年,女生 2 年。高中毕业成绩占大学入学分的一半,还有一半是大学入学考试的成绩。高考每 2 个月一次,考 3 小时,满分是 800 分。一般学生服役期满后要花费 1200—1700 美元上复习班然后再参加高考。以色列的大学生经历 2—3 年军队洗礼、甚至生死考验,都显得较成熟自立[1]。

全民全社会办学是以色列教育一大特色,教育成为最基础的投资。以色列的教育立法完善细致,教育贯穿人生观念渗透全社会。免费义务教育从幼儿园至高中,除了正规教育,还有中学后教育、成人教育、提高教育、补习班、军校培训、职业培训、函授大学等,人人不断更新知识。

(二) 中以教育与学术领域的合作发展

以色列的发展与其教育是分不开的,其中高等教育显得尤为重要。两国建国后都把教育作为立国之本,以高等教育带动整个国家经济科技的发展。中以两国的高等教育都起源于救亡图存的理念。在犹太人的十年大流散中,生存危机和传统文化的日益消逝,使得挽救犹太文明、传承犹太文化、建立犹太人的家园,成为很多犹太人的精神动力。现代中

---

[1] 《以色列教育兴国:教育重基础学生自由多》,中以网,http://www.china-israel.cn/article/show/id/48/cid/43,上网时间:2017 年 5 月 29 日。

国高等教育的历史溯源肇始于近代的洋务运动。在洋务运动时期,中国文化出版事业的发展达到了一个前所未有的水平。当时建立了许多专事翻译的机构,为后来中国现代教育学科的发展做出重大贡献。京师同文馆[1]、上海广方言馆以及江南制造局的译书馆,是当时翻译西方著作的中心。译书内容经历了由单纯的西方科技著作,向自然、社会和人文等科学著作并重的发展。换言之,洋务运动打开了封建教育制度的缺口。[2]就此而言,中以两国都是在民族生存、发展出现危机和挑战的情况下,选择发展高等教育,以实现民族振兴。

以色列在高科技领域身处世界前茅得益于对高等教育的重视。建国至今不过短短数十年,以色列已经成为仅次于美国的第二大科技创新大国。之所以有这样的成绩,与以色列在教育上的研发投入、人才培养以及与高校合作关系密切。以色列不仅注重国内大学之间的竞争与合作,而且还向外寻求更为广阔的发展空间。具体措施表现在:第一,在高校开设国际问题相关课程,使学生能够直面全球化的挑战;第二,引进国外教育资源,提供经费支持,资助教师经常参与国际会议交流;第三,设立国际学生奖学金,每年招一批国际学生和访问学者来以色列进修,资助国际学生来以色列攻读博士学位,资助国际学者来从事博士后研究;第四,制定海外高等教育计划,鼓励科研人员利用休假到国外工作或到国外从事博士后研究,加大以色列与其他国家的交流与合作,吸引国际生源,促进以色列高等教育向海外开拓发展等。[3] 在这一点上,中国的

---

[1] 京师同文馆曾翻译西书36种。其中具代表性的有:中国第一部国际法中译本:惠顿的《万国公法》(1864年);第一部外交学中译本:马登的《星轺指掌》(1876年);第一部经济学中译本:福赛特的《富国策》(186年)。江南制造总局翻译馆是晚清翻译西方著作数量最多、成绩最显著的机构,它罗列了众多的学者译家和一些外籍传教士。大量西学著作的翻译出版及近代中国报刊和出版机构的出现,打破了中西文化的壁垒和传统文化的坚冰,大大促进了中西文化交流与融合。1902年被并入了京师大学堂,就是后来的北京大学。

[2] 《试论洋务教育对中国教育近代化的影响》,网址:www.xzbu.com/1/view-7452101.htm,上网时间:2017年5月29日。

[3] 张建敏、陈登、杜学元:《中国与以色列高等教育的比较分析》,《教育与教学研究》,第29卷第5期,第19页。

第二章 人文教育篇

高校也在学习和引进一些相应的制度，旨在改善中国高校中发展科技创新的制度。还有很重要的一点，在高等教育制度上，以色列高等教育是高度自治的，从成立第一所大学起，就明确办学宗旨、行政自主、学术自由、服务社会。而且以色列高等教育行政事务由中央集中领导与地方自主管理为主，中国则是由中央和省级政府两级管理，以地方统筹管理为主。可以看出中国对高等教育的行政干预力度较以色列政府大，中国高等教育未能充分发挥高校自主权。高等教育建设的基本内涵是借鉴、模仿、移植和创新。中以两国作为后发的现代化国家，推进高等教育的建设无疑是要在借鉴与创新中谋求适合自己的出路。

以色列的高校与科研机构很早就开始关注中国的文化与教育。并且在高校中也开设了中国研究项目[1]，比如在希伯来大学、特拉维夫大学、海法大学等。其中，希伯来大学是最早开设中国研究项目的高校。汉语的教学在以色列有着较长的历史。1958年，以色列第一个汉语学习班在希伯来大学开课，1969年希伯来大学又成立了东亚系，重点开展中国研究和日本研究。自1958年之后，东亚系的人数逐渐增多。到1992年，中以两国建交以来，东亚系的入学人数迅速上升。到了2006年，希伯来大学又成立了弗里贝格东亚研究中心，该中心以中国政治、经济和社会问题为重点研究方向。其次，特拉维夫大学的东亚系，虽然成立稍晚，但发展势头良好，目前其东亚系的学生人数居以色列高校之首。其中，张平[2]教授是第一个在以色列获得终身教职的中国人。[3]

中国与以色列在高校合作方面较为迅速。中国的清华大学、北京大

---

[1] 中国研究项目通常也称东亚系。
[2] 张平，现任特拉维夫大学东亚系汉语言学与东亚学终身教授，山东大学博士生联合导师，中国教育部长江学者讲座教授。其主要研究领域为中华文明与犹太文明间的跨传统对话，包括拉比犹太教经典的中文翻译、注解和比较研究。他是第一位将拉比犹太教经典翻译介绍到中文世界的学者。其主要著作有：《阿伯特——犹太智慧书》（中国社会科学出版社，1996）、《天下通道精义篇——犹太处世书》（北京大学出版社，2003年版）、《密释纳·种子部》（山东大学出版社，2011年版），以及多篇有关中犹传统间对话的论文。
[3] 张倩红主编，艾仁贵、马丹静副主编：《以色列发展报告2015》，社会科学文献出版社2015年9月版，第293页。

学、中国人民大学、南京大学、复旦大学、山东大学、厦门大学、西北大学、上海外国语大学等30多所大学与以色列希伯来大学、特拉维夫大学、以色列理工学院等7所高等院校签订合作交流协议，为中以教育的进一步交流合作奠定了良好的基础。2011年5月29日，以色列巴伊兰大学与中国留学基金委签订合作备忘录，旨在加强中以两国高等人才的培养合作。以色列理工学院是世界知名高校，与美国哈佛大学、麻省理工学院都有着密切合作，该校生物化学、军工、材料技术开发、土木工程等专业均属世界一流，在该校执教的阿龙·切哈诺夫教授、阿夫拉姆·赫什科教授、丹尼尔·舍赫特曼教授分别在近年获诺贝尔奖。自2010年以来，以色列理工学院提供奖学金，开始在中国试招生，已招收的本科生非常成功。该校计划将其列为常规合作项目，以扩大与中国的教育合作。以色列特拉维夫大学电器工程学院和本—古里安大学也在联系中国驻以色列使馆教育组，希望在中国尽快招收本科生。以色列政府根据其教育发展状况，为进一步深化国际战略，加强与中国的教育合作，促进两国更为密切的学术交流，增进两国教育合作创新，争取中国更多的留学人员来以学习和深造，促进以中两国友好关系发展，决定自2012年起每年拨款4000万克尔（约合7200万元人民币）向中国提供250个奖学金名额。该奖学金包括100名本科生、50名硕士生、100名博士后。该项目由以色列高等教育委员会具体实施。中国到以色列的留学人员随着以色列安全的逐步稳定而迅速增加。据中国驻以色列使馆教育组统计，中国在以色列留学人员主要分布在以色列7所大学和以色列的科研院所、医疗机构等。中国到以色列国家公派留学人员回国率为100%。据了解，21世纪初从以色列回国的留学人员，不少已成为本专业的领军人物，还有相当一部分成为中国知名高校的主要领导[①]。

为了加强中以两国高等人才的培养与合作，2011年5月29日，以色列巴伊兰大学与中国留学基金委签订合作备忘录，投入资金支持中国

---

① 薛华领：《中国以色列促进学生双向流动》，《中国教育报》，2013年1月，第八版。

第二章 人文教育篇

的博士后前往以色列从事自然科学研究工作。两国的高等教育合作不断深入，中国的高校中兴起一股"以色列热"，有关以色列的研究在中国也得到了长足发展。不少以色列研究中心在中国高校成立。当前活跃在中国的以色列研究机构主要有河南大学的犹太—以色列研究中心、南京大学的犹太和以色列研究所、上海外国语大学以色列研究中心等。[①] 除此之外，还有成立于2011年的中以学术促进协会（Sino-Israel Global Network & Academic Leadership，SIGNAL），其与中国多所高校建立了人才培养方面的合作关系，并且设立了有关以色列研究的论文奖项，以共同推进中国的以色列项目研究。SIGNAL自成立以来，先后在四川外国语大学、河南大学、中国石油大学（北京）、石河子大学、上海外国语大学、云南大学、北京语言大学、外交学院、西北大学、南开大学等高校支持以色列研究项目。与此同时，SIGNAL还派遣以色列学者来华开设讲座和参加学术会议，为赴以色列学习的中国留学生提供资助。通过一系列的交流与合作，有力地促进了中以两国在学术领域的合作[②]。中国驻以色列使馆7月26日在大使官邸为获得2012/2013学年奖学金的以色列大学生首次举行"中国政府奖学金授予仪式"。以色列高等教育委员会秘书长摩西·维格多（Moshe Vigdor）先生积极评价中国对以色列留学人员提供政府全额奖学金的作用，强调中以教育合作与交流的重要性、迫切性。他表示，以色列政府高度重视与中国教育的合作与交流，以色列高等教育委员会将积极推动建立两国高等人才培养基金，鼓励更多的中国博士后和科技人员来以色列高校深造，进行合作研究。以色列在农业灌溉、生物化学、医学、环境保护、纳米开发和军工领域都堪称世界一流，适时建立"中以教育科研合作培养人才基金"，是高层次人才培养与交流的可行渠道。以色列属于智力开发的先进国家，许多专利需要寻求国际市场。以色列目前的科技实力与中国小康社会建设有着极强的互补性，

---

① 徐新：《中国的犹太研究》，《西亚非洲》，2010年第4期，第54—58页。
② 张倩红主编，艾仁贵、马丹静副主编：《以色列发展报告2015》，社会科学文献出版社2015年9月版，第294—295页。

以色列有很多实业家、大学生希望到中国开辟实业领域，寻求市场，深造求学，因此希望到中国学习中文、法律和中医等。以色列外交部东北亚司副司长蓝天铭（Amir Lati）先生在"中国政府奖学金"授予仪式上说，多年以前他曾通过"中国政府奖学金"留学中国，正是在中国的留学改变了他的人生[①]。

除了教育上的交流、学术上的沟通、留学生交换的项目、教育代表团的互访之外，推动以色列的汉语文化传播工作也是以色列与中国教育合作与交流的重要组成部分。同时，随着中国经济实力的不断加强与国际地位的日益提升，中国文化在海外的影响力与日俱增，以色列对中国的文化也展现出了浓厚的兴趣，在其教育界也兴起了一股"中国热"。

（三）"一带一路"倡议对中以教育合作的影响

以色列与中国在文化上有许多共同之处，都有着沉淀已久的文化底蕴、丰富的文化遗产和强烈的民族认同感。正是这些共同点，为两国双边人文交往奠定了坚实的基础。在"一带一路"倡议的大背景下，"汉语热"和"中国热"在以色列不断升温，特拉维夫大学[②]和希伯来大学[③]相继建立了孔子学院。并且汉语的教学已经进入了以色列的中小学课程中。以色列民众学习汉语的热情高涨，这样良好的氛围对于以色列未来开展与中国的合作提供了诸多的便利之处。目前，在以色列学习汉语的人数仅次于英语，不仅是以色列的普通民众，许多以色列的官员政要也

---

① 薛华领：《中国以色列促进学生双向流动》，《中国教育报》，2013年1月，第八版。
② 特拉维夫大学孔子学院成立于2007年5月，是国家汉办在以色列建立的第一所孔子学院，是中国人民大学在亚洲地区承建的唯一一所孔子学院。作为以色列第一所，也是唯一的教学型孔子学院，特拉维夫大学孔子学院已深深扎根以色列这片土地，汉文化在犹太地区的普及硕果累累。
③ 希伯来大学孔子学院成立于2015年5月，是以色列的第二所孔子学院。希伯来大学孔子学院的成立标志着中以两国的教育合作与交流进入了新的阶段。

第二章 人文教育篇

意识到了学习汉语的重要性。以色列的汉语教育事业蓬勃发展，这其中很重要的一点就是当地孔子学院的开设。据相关的媒体报道说，以色列总理内塔尼亚胡的两个儿子也都在学习中文[1]。

以色列的孔子学院不仅推动着以色列的汉语教学，而且在当前中以两国人文合作中发挥着重要的作用。2007年5月28日，中国驻以色列大使代表中国国家汉办与以色列特拉维夫大学校长签署了合作建立孔子学院的协议。其中，中国人民大学为该孔子学院的中方合作单位。[2] 以色列第一所孔子学院的成立在以色列汉语教学和汉语学习中发挥了积极的辐射作用，产生了很大的推动力。2017年也是特拉维夫大学孔子学院成立的10周年。希伯来大学的孔子学院成立于2015年5月，是以色列的第二所孔子学院。除了特拉维夫大学和希伯来大学的孔子学院之外，以色列理工学院、海法大学等高校的孔子学院也在筹办中。2014年7月7日，中国的华东理工大学与以色列理工学院签署了合作建设孔子学院项目备忘录。除了孔子学院之外，孔子课堂也开始在以色列开设。在孔子课堂上既学习汉语语言，又学习中国历史和中国文化知识。

以色列的孔子学院开展各式各样的活动来推广中国文化，具体表现为：第一，中文教材的编译、师资培训以及一些汉语考试。比如从2014年起特拉维夫大学孔子学院根据以色列中小学的需求，组织精通汉语、希伯来语以及两国文化的中以语言专家进行中国国家汉办的主干教材《快乐汉语》的改编和翻译工作。[3] 另外，特拉维夫大学孔子学院与特拉维夫教育学院还开办了首个以色列中小学师资培训项目，并且向成绩合格的学院颁发汉语教师资格证书。这是孔子学院专职教师首次培训以色列中小学教师，也是中国教师首次参与以色列官方培训项目。此外，特拉维夫大学的孔子学院目前还是以色列唯一的新汉语水平考试的考点。

---

[1]《以色列总理内塔尼亚胡的儿子正在学中文》，《中华读书报》，2013年11月。
[2] 杨番：《孔子学院中方合作院校网站调查研究》，山东大学2015年硕士论文，第11—18页。
[3] 陈平：《以色列中学汉语教学现状研究》，东北师范大学2015年硕士论文，第14页。

第二，"汉语桥"系列比赛活动的举办。"汉语桥"世界大学生中文比赛是由中国国家汉办主办的大型国际汉语赛事。中国驻以色列大使馆教育组与特拉维夫大学孔子学院及希伯来大学、特拉维夫大学、海法大学等校的东亚系合作，自2008年4月起，在以色列高校当中每年都举办"汉语桥"中文比赛。其中2014年4月30日，以色列首届中学生"汉语桥"中文比赛暨第七届"汉语桥"世界中学生中文比赛以色列赛区选拔赛成功举办，此次活动由中国大使馆、以色列教育部主办，特拉维夫大学的孔子学院承办[①]。

第三，传统文化的推广活动以及文艺表演活动。比如在2014年4月9日，为庆祝全球孔子学院创建十周年，促进中以学术与文化交流，特拉维夫大学孔子学院隆重举办"孔子学院日"系列庆祝活动，为当地民众献上了一份精彩的中国文化盛宴。特拉维夫孔子学院走进当地社区，举办了中国文化体验活动，包括书画、京剧脸谱、风筝工艺、剪纸、中国结、灯笼、孔明锁等具有中国传统特色的艺术品。还有汉语体验与教学资源展、书法体验展、传统工艺体验展、茶艺体验展、美食体验展以及中国人民大学历史学院举办的中国考古图片展六个主题展台，令现场观众对中国文化的魅力流连忘返[②]。中国的传统文化是丰富多彩的，其艺术表演形式也是多种多样的。2014年10月，中国国家汉办巡演团——北京大学艺术团赴耶路撒冷希伯来大学孔子学院演出。民乐、民族舞蹈、武术等多种颇具民族特色的艺术表演轮流展示，进一步推动了中国传统文化艺术的传播。

"一带一路"倡议是中国倡导的横贯亚欧非、面向全球的国际化的合作平台。在这一战略下，孔子学院也迎来了再次发展的机遇。"一带一路"倡议的提出恰逢其时，为孔子学院的新发展提供了良机与沃土。

---

① 张倩红主编，艾仁贵、马丹静副主编：《以色列发展报告2015》，社会科学文献出版社2015年9月版，第298—299页。

② 王水平：《以色列大学举办"孔子学院日"庆祝活动》，《光明日报》，2014年11月9日，第008版。

第二章 人文教育篇

2016年12月10日,刘延东副总理在第十一届全球孔子学院大会开幕式上指出,孔子学院"要主动参与'一带一路'建设,充分发挥培养语言人才和熟悉当地政策信息等优势,为中外企业合作搭建平台,提供信息咨询服务,加强职业技能培训,服务好各领域务实合作,以语言互通促进政策沟通、贸易畅通、民心相通"。这为孔子学院与"一带一路"的良性互动指明了方向①。首先,"一带一路"沿线的建设为孔子学院的发展提供了难得的发展机遇并且有效地提升了孔子学院的办学效益。以色列的孔子学院更是抓住机遇,有效地提高了办学效率。伴随着以色列与中国在政治、经济、文化等领域的全方位合作逐渐展开,学习汉语成为当地青年人到中资企业就业、来华学习旅游与中方开展业务合作的金钥匙,也是推动孔子学院融入当地需求、提升办学效益的内在动力。其次,"一带一路"建设为沿线孔子学院促进中外人文双向交流铺设便利桥梁。民心相通是"一带一路"的灵魂,孔子学院就是促进民心相通的桥梁纽带,促进中外人文双向沟通更是孔子学院深入持续发展的动力。"一带一路"沿线国家人文交流的繁荣将对孔子学院进一步拓展综合文化交流平台作用提出新要求,推动孔子学院从单一的语言教学向多元服务功能发展,从单向的"走出去"向"走出去"与"引进来"双向交流发展,从简单的你来我往向深层次互学互鉴发展。最后,"一带一路"建设为培育孔子学院品牌、提升中国文化软实力提供肥沃土壤。"中文成为全球性语言"将不仅仅是预言,"一带一路"的开发建设,将加快中文成为国际性语言的进程,孔子学院作为一张达成理解、促成合作的亮丽名片,其语言文化国际推广的品牌效应将大幅提升。在古老的丝绸之路上,越来越多的人学习汉语、了解中国,这是扩大孔子学院招生、提升中国软实力的源头活水。②同时,以色列的孔子学院搭上"一带一路"的列车将会发展得更好,更有利于促进中以的文化交流以及文化

---

① 李丹:《一带一路为孔子学院发展升级提供新推力》,《中国社会科学报》,2017年6月25日。

② 同上。

认同感。

借助"汉语热"与"中国文化热"的东风,孔子学院在以色列得到了迅速的发展,通过一系列与中国文化有关的活动,扩大中国文化在以色列社会的影响力,推动了中以两国人文交流。

在中以两国教育文化交流过程中,双方积累了一定的成功经验,伴随着"一带一路"倡议的提出,两国在教育事业和产业上的合作可以更加顺利地开展。但是,回顾历史,立足当下,两国的合作与交流在制度方面也有待于进一步加强。

第一,中国虽然具有开展人文外交的实力与资源,但是开展的方式比较传统,缺乏创新。相比较而言,以色列自建国以来便很注重树立和传播国家的新形象。以色列人文外交的手段和形式极其丰富,不仅仅是宣传片、广告等形式,而是通过学者互访、新媒体运用、开设公共外交课程、发掘旅游资源等多种形式来具体实施的。[①]

第二,中国的民间组织参与程度不足,以色列较中国而言,有成熟的公共社会和丰富的公共外交经验。因此,在中以人文外交中,中国的民间组织参与程度不高。在教育领域,以色列有多家非盈利、非政府组织在华开展交流项目。比如,以色列—亚洲中心的"以色列—亚洲领导能力项目",这是为留学以色列的亚洲学生提供交流和提升领导能力的平台。还有中以学术交流促进会(SIGNAL)曾举办"以色列研究在中国"的研讨会。在这一点上,中国可以向以色列学习借鉴其成功的经验以达到更好地让中国的高校或者民间组织参与人文外交,带动中以两国民间教育学术文化的交流与合作。

第三,中国在运用新媒体方面需要进一步加强。现在信息资料来源的多样化决定了文化教育交流过程中手段和行为方式的多样化。伴随着新媒体新兴的传播方式与非国家行为体的有机结合,运用新媒体

[①] 《新中国对以色列的人文外交》,网址:www.scimao.com/read/1334265,上网时间:2017年7月5日。

成了一种新的趋势。新媒体的运用,比如一些网站:中华人民共和国驻以色列国大使馆[①]、外交部[②]、中以网[③]、以色列时报中文网[④]等。除此之外,还有"SIGNAL—中以学术交流促进会""以色列计划""以色列—亚洲中心"等一些学术机构也通过微博等一些媒体平台介绍以色列的国家概况、历史文化、留学生交换生的合作项目等。[⑤] 在"一带一路"倡议的引领下,充分利用新媒体,为中以两国的人文外交开辟新的道路。

但是在所面临的困难和挑战面前,我们还是看到了两国开展人文合作、文化交流的良好机遇以及发展方向。

首先,可以看到的是,中国与以色列更加重视并且进一步落实了留学生互派项目。以色列的学生来华留学名额增多并且有一定奖学金的支持,加之以色列的精英阶层来华交流访问、更多普通的民众来华旅游参观。其中,中以两国学术的交流与合作,也培养了中国的年轻精英们对以色列的好感,对中以两国的友好发展影响深远。其次,伴随"一带一路"倡议的实施,双方各个方面的交流与合作加强,两国文化交流呈现出良好的势头。在此基础上,两国可以互设文化中心,建立中以文明对话的机制,延续中以文明。最后,可以预见的是,两国借助"一带一路"建设这个重要契机,发掘两国深厚的历史文化底蕴,中以的文化合作将会呈现出一个新思路,全方位地推进两国的文化合作,并且使这样的合作有一定的合作机制,进行更宽领域更高层次的合作。

[①] 中华人民共和国驻以色列国大使馆,http://il.china-embassy.org/eng/,上网时间:2017年7月25日。
[②] 中国外交部,http://www.fmprc.gov.cn/web/gjhdq_676201/gj_676203/yz_676205/1206_677196/1206x0_677198/,上网时间:2017年7月25日。
[③] 中以网,http://www.china-israel.cn/,上网时间:2017年7月25日。
[④] 以色列时报中文网,http://cn.timesofisrael.com/,上网时间:2017年7月25日。
[⑤] 《新中国对以色列的人文外交》,网址:www.scimao.com/read/1334265,上网时间:2017年7月25日。

第三节　中以两国的旅游产业的发展

(一) 以色列的旅游文化与资源

巴勒斯坦地区是世界三大宗教发源地，除耶路撒冷、拿萨勒等宗教圣地外，北部的加利利湖区也是众多《圣经》传说的所在地。犹太人远祖是古代闪族的支脉希伯来人，以色列最初是指一个民族而非地名，可查最早的记载出现在公元前1211年。在过去3000年的历史中，犹太人视巴勒斯坦地区为自己的民族和精神生活的核心之处，称之为"圣地"或"应许之地"。巴勒斯坦地区在犹太教中具有特别的含义，包括圣殿遗迹和相关的宗教礼仪，都是现代犹太教传统的重要基础。

犹太人曾在埃及旅居430年之久，约在公元前13世纪离开埃及迁回到迦南地（现今之巴勒斯坦），公元前11世纪古以色列王大卫统一犹太各部族，建立以色列王国，定都耶路撒冷。公元前10世纪下叶大卫的儿子所罗门王去世之后，以色列王国分裂为南北两国，北方是由十个支派组成的以色列王国和南国犹大王国。公元前586年，巴比伦人攻占耶路撒冷，圣殿付之一炬。

经历过亚述、巴比伦、波斯、希腊、罗马、拜占庭等古国的统治，大量巴勒斯坦地区的犹太人遭到驱逐，流散于全球各地，数个世纪以来，许多流亡海外的犹太人一直试图返回以色列。1948年5月14日，在英国的托管期结束前一天的子夜，以色列国正式成立。犹太文化是由犹太教和犹太人数千年以来的历史经验所交织构成的，由来自全世界六大洲上百个国家的各式移民所构成的以色列社会相当的丰富多元，也极具艺术创造力。以色列政府鼓励并且也会资助艺术的活动，特拉维夫、海法和耶路撒冷等城市都建有完善的美术博物馆，许多城镇农场也都有类似的博物馆或古迹景点。

第二章 人文教育篇

游客可以沿着"耶稣足迹"等旅游线，探寻犹太宗教的源起之地，这是以色列独有的文化历史资源，成为其发展旅游业的金字招牌。游客在南部的沙漠和大裂谷地貌可以领略大自然的雄浑奇伟，了解自然变迁的奥秘，在北部的胡拉湖谷观赏候鸟迁徙，体味人与自然环境的交融。

除却原生态的美景，犹太美酒也为以色列的旅游业增添了魅力。以色列是葡萄和"古老美酒"的故乡，《圣经》里就有各种有关传说。因为 2000 年来犹太人的大流散，酿酒业因此中断，到了 1870 年犹太人才在故土恢复了酿酒业。据说，这里酿造的传统高甜度香料红酒曾被当时的英国首相迪斯雷利称为咳嗽糖浆。以色列在 20 世纪 70 年代建立了现代酿酒业，大学设立了酿造专业，并派出酿酒师到全球有名的酒庄进行培训。优秀的酿造技艺，加上这里特殊的地理环境和气候条件适宜种植葡萄，以色列出产的葡萄酒不但可媲美澳、美两国的葡萄酒，也不输法国酒庄，在全球葡萄酒大赛中屡获金奖，现在每年出口葡萄酒达 1100 万美元。

加利利湖区斯列山谷的郁金香酒庄创建于 2003 年，酒庄里随处可见奖章证书，足以见证其酒庄的美誉。最令游客好奇的是，这个酒庄至今恪守犹太人葡萄种植和酿酒传统，包括七年轮种休耕、操作者须为男犹太教徒、1% 的酒奉献给犹太圣殿等。以色列的阿迪尔酒庄拥有大片葡萄园、奶牛场和乳品公司，游客在这里除了享受品酒之乐，还可以动手制作奶酪，乐趣倍增。伯利恒香料农场和耶稣诞生地同名，游客品味数百种香草和香料，体验其保健和医疗功效。加利利湖区的湖光山色中散落着许多原生态旅馆，其饮食都是自产有机产品，加利利的美食常常让游客回味不已。

以色列位于中东大陆交界上，西面滨临地中海，北接黎巴嫩、叙利亚，东邻约旦，南出红海且与埃及边境接壤，地处欧、亚、非三大洲之要冲，是个南北长约 470 千米、地形呈狭长型的国家。以色列国土面积虽不大，自然景观却极富变化，拥有了只有一整个大洲才可能出现的各种地形。有森林覆盖的高地，也有丰饶的绿谷；有多山的沙漠，也有海岸平原；有属亚热带的约旦山谷，更有地球表面的最低点——被誉为

"世界的肚脐"的死海。

以色列人口大多集中于北部及中部地区。西面沿海平原以特拉维夫及海法为主要城市，东面的山谷地带有约旦河所连接的加利利海及死海，而座落在中部群山地带的有加利利山、撒马利亚和耶路撒冷。除此之外，还有矗立于东北部的戈兰高地和黑门山，以及占全国大部分面积、位于南部的旷野和阿拉伯谷地。圣城耶路撒冷、死海以及诸多《圣经》上重要的史迹城市，再加上犹太民族独特的信仰精神及文化生活，其神秘、摄人的魅力以及震撼、壮观的美景吸引着来自世界各国的游人。[①]

旅游业是以色列经济的重要支柱，可创造20多万个就业岗位和90亿美元的年收入。在全球金融危机的冲击下，以色列不得不提高增值税，但旅游业豁免。以色列政府还把旅游作为国家形象和公共外交的重要平台，视每位游客为"大使"。以色列旅游部称，以色列获中国媒体评选的"2016最佳旅游目的地"称号。中国游客在以色列的消费数额也居各国游客最高，带动了当地经济的增长。中国如今已经成为了世界上的顶级旅游大国之一。为了繁荣中以相互间的旅游业，以旅游部增加了对中国市场的投入，采取了简化签证手续、举办旅游展览、增加航班等举措。

（二）以色列与中国旅游业的发展历程

旅游业在以色列的经济中占重要地位，是外汇的主要来源之一。以色列幅员虽小，但有独特的旅游胜地和众多的名胜古迹，每年吸引数以百万计的游客游览观光。

中以两国早在1994年6月就签署了旅游合作协定，前往中国的以色列游客人数逐年增多。2007年10月，两国签署《中国旅游团队赴以色列旅游实施方案的谅解备忘录》，确定中国公民可自费组团赴以旅游，

[①] 《以色列神圣而不失风情》，网址：www.xzbu.com/1/view - 7462940.htm，上网时间：2017年7月25日。

双方将提供各自批准或推荐的旅行社名单,双方旅行社间可签订业务合作合同。2008年9月,以色列正式成为中国公民出境旅游目的地。为了拓展中国市场,2009年3月,以色列旅游部在北京设立了中国代表处。①

以色列自2009年签订中国公民旅游协议以来,前往以色列的中国游客呈现每年30%的持续增长。2012年前往以色列的中国游客数量达到近25000人,比2010年增长30%。2011年,以色列接待国外游客近400万人次。2013年第一季度,中国入境以色列的游客人数增长了27%。②

2013年7月8日,以色列旅游局在广州举办规模最大的一次巡演。而为了吸引更多的中国游客到访,以色列简化签证手续以吸引更多的中国游客,以色列驻华使馆对签证手续做出几项修改,包括:签发非旅行社代理的个人旅游签证;签发商务签证的手续更为简易;对有以色列领事处的北京、上海和广州等城市的拥有当地户口的居民的签证特别简化手续。③

2014年2月,中国著名演员刘烨应邀访问以色列,并被以色列旅游部部长乌齐·兰多亲自授予以色列"旅游形象大使"的头衔。刘烨用七天时间走遍了耶路撒冷、特拉维夫、海法、死海,并用微博与中国网友分享全程。他表示:"以色列是个非常适合背包客自由行的国家,因为国土面积小,遍地是风景。当地的羊肉和葡萄酒都非常美味,在国内花几千元做美容的'黑泥'在以色列海滩上也到处都有。这个国家祥和、安稳,并不存在什么安全问题,相信每一个去过以色列的人都会自动成为旅游宣传大使。"④

在2014年6月30日,以色列旅游局2014年中国巡演北京站开幕,

---

① 傅立钢:《以色列深耕中国旅游市场》,《中国贸易报》,2010年10月12日,第8版。
② 《中国赴以色列人数增长迅速》,网址:www.drcnet.com.cn/www/integrated/,上网时间:2017年7月25日。
③ 《以色列简化签证手续吸引中国游客》,中以网,http://www.china-israel.cn/article/show/id/336/cid/35,转自:《理财周报》,上网时间:2017年8月20日。
④ 《以色列旅游形象大使刘烨:我已爱上以色列》,国际新闻—环球网,http://world.huanqiu.com/exclusive/2014-07/5042579.html,上网时间:2017年8月20日。

以色列国家旅游部部长乌齐兰多、以色列驻华大使马腾和以色列"旅游形象大使"——中国著名演员刘烨均抵达现场,推介以色列旅游资源和产品。此次巡演旨在加强中以双方旅游行业的交流与合作,包括以色列航空公司在内的约30家以色列地接社(旅游地负责接待和服务的旅行社)及钻石公司的代表与会。此外,一些教育、游轮公司也首次来访,也吸引了众多中国"组团社",许多现场来访的"组团社"代表表示:"以色列地接社的到访能够增进双方直接交流,这次有许多首次来华的地接社,为我们以后的合作提供更多选择。"[1]

2014年7月1日,北京市市旅游委王粤副主任会见了以色列特拉维夫·雅法市旅游局局长耶尔女士及雅法古城开发公司CEO亚龙先生等。在此次会见中,双方相互介绍了彼此的定位与职能及两市旅游行业发展情况,还就以方关心的如何更好地接待中国游客,以及雅法市旅游酒店投资建设问题进行了深入探讨。中方建议,双方应合作开发有较大发展潜力的游学旅游项目,以及吸引中方投资机构前往雅法市进行酒店投资,可以帮助雅法市解决语言、游客接待方式等一系列的问题。双方明确了合作建立市场互换机制,在准备充分后适时签署备忘录,以便更好地落实和推进两市旅游方面的合作。特拉维夫的雅法市是以色列第二大城市,是以色列的文化之都以及经济中心,旅游资源丰富,集地中海风情与文化多元性于一身。双方的合作更加有利于两国的旅游业以及游学项目等各方面的良好发展。

中以两国随着交流合作加深,两国有诸多的城市结成友好城市。截至2014年10月底,中以两国共同结成友好城市25对,尤其是海法与上海、深圳、成都三地都结为了友好城市。早在1993年6月21日,上海就与海法结为中以第一对友好城市。在随后沈阳、天津、信阳、南阳、濮阳、格尔木、青岛、潍坊、哈尔滨、杭州、北京、济南、拉萨、奉化、

---

[1] 《以色列旅游形象大使刘烨:我已爱上以色列》,国际新闻—环球网,http://world.huanqiu.com/exclusive/2014-07/5042579.html,上网时间:2017年8月20日。

第二章 人文教育篇

厦门、益阳、武汉、银川、深圳、保山、延安、海口、成都、开封也相继与以色列的城市结对成为友好城市。在这些友好城市中，包括了犹太人曾经居住过的主要城市——上海、开封、哈尔滨和天津。借助友好城市的平台不仅能够使得双方的文化交流进一步，而且还促进了双方旅游的发展，还有许多中国的代表团去以色列访问演出。[1] 友好城市平台的搭建同时促进了两国旅游业的蓬勃发展，也为两国游客相互出国旅游提供了便利。

2016年4月8日，以色列旅游局携26家来自以色列各地的地接社、酒店、钻石公司的代表齐聚中国陕西省西安市，举办其在陕西省的首场旅游产品路演。此次路演旨在借助"一带一路"倡议，深化与陕西等丝路沿线省份的旅游协作，同时向中国的旅游行业推介以色列的旅游资源和产品，以实现中国前往以色列游客数量的持续快速增长。具有独一无二历史文化遗产与自然资源的以色列，对中国游客尤其是二线城市的游客来说还是个相对新鲜的旅游目的地。为了拓展二线城市游客对以色列的全面了解，以色列旅游局协同26家旅游业者造访西安，除了文化朝圣、休闲等常规的旅游产品外，此次地接社的代表还为商务客人带来了更多选择、创业、创新的旅游产品，也让两国的商务人士能够发现更多商机。[2]

中国赴以色列旅游的人数近年来快速增长。据以色列国家旅游部的统计数据，2015年中国赴以色列旅游人数为4.74万人次，与2014年相比增幅达到43%，较2013年增幅更是达到了86%之多。近年来，访以的中国游客人数连创新高，以色列旅游部称2016年全年以色列入境游客数量达290万人，同比增长3.6%，为以色列旅游业的"转折点"。同时，2016年第四季度入境以色列的中国游客数量同比增加69%，居各国

---

[1] 中国国际友好城市联合会网站：http://www.cifca.org.cn/Web/index.aspx，上网时间：2017年8月28日。
[2] 《以色列分享"一带一路"旅游红利》，网址：www.drcnet.com.cn/www/integrated/，上网时间：2017年8月28日。

首位。以色列旅游局数据显示，截至2017年7月，中国赴以游客人数累积达到6.4万人，同比增长66%，再次蝉联全球增长最快的以色列入境游客源市场。① 中国陕西省在中国的旅游业中有着重要的区位优势。其省会西安作为古丝绸之路的起点城市，历史文化悠久，更是站在"丝绸之路经济带"的新起点上。两国旅游业的发展带动文化经济等多方面的发展。这不仅对两国政府间的关系有着巨大的推动作用，同时也为两国人民提供了极大便利。②

2016年11月15日，以色列驻华使馆与以色列国家旅游部正式官宣以色列开放十年多次往返签证，这对于中国游客来说是莫大的福音。作为以色列"旅游形象大使"的刘烨成为了中国获得十年多次往返签证的第一人。

（三）以色列开拓中国旅游市场的努力

近年来，虽然以色列的中国游客有了数量上的增加，但仅仅占据以色列国外游客比重的一小部分。随着中国"一带一路"的推动，以及中以双边关系的不断深化，越来越多的中国人选择将以色列作为海外旅游目的地，而以色列也希望进一步深挖中国旅游市场，吸引更多的中国游客前来带动消费、拉动内需。

2015年，中国赴以色列旅游的游客人数较2014年增长了近45%，但是仍然只占据以色列外国游客总数的约1.5%。最新数据显示，2017年6月，以色列入境游旅客突破30万人次，较上年同期增长28%。2017年上半年，共计174万游客访问以色列，较上年同期增长26%，创历史纪录。以色列旅游部预计2017年上半年旅游业收入将达到94亿新

---

① 《以色列旅游部长与携程在沪签署战略协议》，《以色列时报》，http://cn.timesofisrael.com，上网时间：2017年10月15日。
② 《以色列分享"一带一路"旅游红利》，网址：www.drcnet.com.cn/www/integrated/，上网时间：201年8月28日。

谢克尔（约合 26 亿美元）。以色列上半年入境游的最大增幅来自中国旅客，入境人次较去年同期猛增了 76%；其次是俄罗斯和美国，增幅分别为 30% 和 20%。目前，美国仍是以色列入境游旅客的最大来源。①

当然，以色列也已经看到了中国旅游市场的潜在商机。2015 年中国出境游游客达到了 1.2 亿人次，如此庞大的消费群体，任何一个力图发展旅游业的国家都会为之心动。以色列扩大在中国的宣传力度，加大在中国的旅游市场开拓投入，并且提供更为便利的签证政策，吸引中国游客前来。

为吸引中国的游客以及进一步开拓中国旅游市场，以色列采取了一些行之有效的措施。第一，以色列从 2017 年开始将专门在北京设立新的"旅游参赞"一职，专门负责开拓以色列在中国的旅游市场，宣传以色列的旅游价值；第二，以色列政府在旅游部长雅里夫莱文的领导下，加大了对中国市场开拓的投资；第三，以色列逐步简化了对中国旅客和来访者的签证手续，签证期限也大大延长。数年前如果中国人希望前往以色列，必须当面提交签证材料并且最多只能获得三个月的有效签证，而现在签证期限大大延长。根据中以签订的最新签证协议，以色列方面已经许诺将会提供十年有效签证。手续的便利化无疑会大大刺激前来以色列旅游的中国游客数量。

为进一步开辟以色列旅游业在中国的市场，以色列做出了一系列的努力。首先，自 2016 年起，以色列旅游部在加大推广力度的同时，与航空业者联手提升了航空运力，除海南航空开通了北京至特拉维夫直航外，未来两年，将会根据市场增长的需要，开通上海、广州等中国一线城市直飞特拉维夫的新航线。其次，以色列旅游局也进行诸多市场营销和推广活动，并以高科技创新作为亮点，吸引一些中国商务人士到以色列考察。第三，以色列旅游业者制定了一系列策略，包括培训中文导游、开

---

① 《以色列 6 月份入境旅游增长 28% 中国游客激增 76%》，中华人民共和国商务部网站，http://il.mofcom.gov.cn/article/jmxw/201707/20170702611068.shtml，上网时间：2017 年 9 月 15 日。

设旅游局中文网站、出版中文旅游手册、在酒店客房开通中文电视频道、供应中国人习惯的热水与方便食品，并根据中国游客独特的饮食需求，邀请中国厨师培训当地酒店厨师，做出符合中国游客口味的餐食。最后，以色列旅游部门还计划邀请中国酒店连锁管理机构进入以色列，带来针对中国游客的酒店服务方式，以便更快地了解和掌握中国人旅游特点和消费习惯。

在涉及中国游客关心的旅游市场管理时，以色列称旅游部门有严格管理规定，若出现欺客、宰客等违法现象，游客可以随时通过电话或电子邮件等方式进行投诉，可以使用中文邮件投诉。经过核实，旅游部门会及时进行处理，并将受到处罚的名单上传当地媒体，以此提醒游客，保护消费者合法权益。

以色列旅游部部长雅里夫·莱文，曾获得耶路撒冷希伯来大学法学学士学位，并著有《希伯来语—阿拉伯语—英语经济学术语词典》。作为一位学者型的部长，他坦言上任以来的主要工作是围绕如何做好中国市场进行的，并希望尽快到中国访问，与同行广泛交流，实地了解中国发展现状和灿烂的历史文化，进一步促进以中旅游业的合作。[1]

中国方面同样出台了一系列的措施，推动包括旅游在内的中国—以色列人文交往。中国开通的海航北京—特拉维夫直飞航线，其背后更多的不是经济利益而是政治推动。中国国内大力宣传的"创新""创业"同样力求与以色列展开更多的合作，而"一带一路"更将以色列视作中东的重要支点。

以色列希望，2018年前往以色列旅游的中国人达到10万人，甚至到12万人。尽管这一数值仍然不足以比肩欧洲和北美地区的游客数量，但是以色列看好中国经济的持续发展，认为在未来数年内，来自中国的游客数量将会持续增加，并且最终成为以色列重要旅游客源地之一。[2]

---

[1]《以色列旅游部长表示欢迎更多中国人到以色列旅游》，中国新闻网，http://www.chinanews.com/life/2016/09-28/8017368.shtml，上网时间：2017年9月13日。

[2]《开拓中国旅游市场，以色列还需做什么?》，《以色列时报》，2016年6月15日。

第二章　人文教育篇

　　如果我们要发现中以旅游业发展存在的问题和制约因素，就不得不对在以中国游客这一群体的特点进行深入了解。中国前往以色列的游客有以下的几个特点。第一，"跟团游"远多于"自助游"，而跟团往往集中在商务旅行团、宗教旅行团和其他访问团之中，因此中国游客往往较为集中，相对容易管理。第二，中国游客往往将以色列和周边其他国家如土耳其、约旦、埃及、塞浦路斯等国一起游玩，因此以色列境内的旅游目的地时间不超过一周，集中在少数几个如耶路撒冷、海法、凯撒利亚、死海和伯利恒（约旦河西岸）等地一起游玩。这方面的主要原因在于中东对于中国游客相对较远，因此不少旅行团往往将多个国家组团进行兜售。第三，中国游客普遍消费水平较高，因为对于普通中国游客来说，前往以色列仍然属于高端团，因此在外国旅游期间消费往往十分惊人，疯狂的购物也成为了在旅游景点和机场免税区中国游客的普遍写照。

　　中国与以色列的旅游发展前景虽然良好，但是两国的旅游业在发展的过程中也存在一些制约因素。第一，中国游客服务团体仍然不足且不规范，会说流利中文的以色列本地导游仍然缺乏，而且从未来一段时间来看，这个缺口仍然很大。第二，以色列旅游，对于中国游客来说仍然属于某种程度上的"奢侈品"。尽管中国出境游客数量在近些年猛增，但是大部分游客都还是选择前往周边地区和国家如中国港澳台地区、泰国、韩国等，包括以色列在内的美国、欧洲地区仍然不占多数。所以对于以色列在华的市场开拓者来说，如何提升以色列同欧洲和美国这一类目的地竞争中的魅力，才是需要考虑的首要问题。第三，中国游客对于以色列的整体认识仍然不足。尽管中国游客对于中东敏感事件反应较慢，但是从另一个方面来说，中国游客对于以色列的"不安全"印象恐怕需要更长的事件才能改变。这需要以色列旅游宣传部门，甚至以色列驻华机构通过更多的工作来进行宣传。第四，以色列国内酒店、餐饮服务行业缺少针对中国游客的特定服务。传统上，以色列的餐饮酒店等行业，都是按照欧美国家游客的喜好进行设计安排的，因此当中国游客日益增多时，以色列餐饮酒店等服务行业就成为一个制约因素。中国游客特殊的餐饮习惯、住宿习惯等都需要以色列的餐饮住宿市场做出一定的调整。

对于以色列来说，中国和印度都被列为了新兴国家旅游市场而加以开拓，尽管针对中国的旅游开拓有了更多的投入，各种硬件软件设施也逐步配套，但是中国在很长一段时间内恐怕还无法替代欧美成为以色列海外游客的主要来源地，以色列开拓中国旅游市场仍然有很多工作需要去做。

"一带一路"倡议的提出得到了国际社会和有关国家的积极响应。以色列是古丝绸之路的重要节点，同时又是中国的重要合作伙伴。以色列的战略位置将随着"一带一路"倡议的实施变得越发明显。两国政府对其文化交流的重视程度也达到了前所未有的高度。双方在经济贸易往来、人文交流、科技创新等方面都取得了良好的成果。以色列高度认可中国的发展以及中国国际地位的提升，并且牢牢把握住中国的发展所带来的机遇，更加积极主动地发展与中国的良好关系。

"一带一路"不仅为两国的文化交流提供了更加宽广的平台，而且促进了双方进一步的了解。文化的交流以及人文的交往在中以交流过程中的重要性不容忽视。在文化交流中，尤其是学术交流以及留学生等更加能够促进彼此对其历史文化的了解，从而增加两国国民的亲和力和认同感。中以两国的关系借助文化交流的加固会更上一层楼！

第三章

地区关系篇

现代以色列国家的诞生之路，可谓独一无二，其在20世纪的世界历史画卷中留下了非比寻常的重重一笔。就国家形成的性质而言，以色列是一个移民国家。事实上，更确切地说，以色列是在大国扶持下强制植入巴勒斯坦地区的一个移民国家，其背后充满了强权与暴力。这样独特的建国方式，再加之脆弱的地缘政治环境和犹太人因苦难历史而对生存和安全所产生的敏感性，决定了以色列与周边国家关系的特殊性。埃及、土耳其、沙特和伊朗作为中东地区的主要大国，对以色列的生存和发展有着非同寻常的影响，是以色列周边外交中的主要对象。以色列与这四国的关系则是整个中东地区和平、稳定和发展的主要影响因素，无疑也会对中国正在实施的"一带一路"倡议在该地区的推行产生重大影响。因此，有必要对这些国家的关系进行一番梳理和分析。但基于以色列在中东国际交往中相对孤立和被动的地位，本章将主要从埃及、土耳其、沙特和伊朗的视角出发，简单论述以色列与这些国家之间的关系。

第一节 以色列同埃及的双边关系

埃及既是文明古国，又是中东地区的大国，国土面积约为100.1万平方千米，人口9240万（2017年1月）①，在阿拉伯世界有着强大的影响力。因此，自从以色列建国起，埃及就是其对外关系中的重点交往对象。纵观以埃整个交往史，大致可分为"战争时期""冷和平时期"和"西亚北非大动荡后"等三个阶段。

（一）战争时期的以埃关系

现代以色列国家与埃及的关系是以兵戎相见开启的。1947年11月29日，联合国通过了巴勒斯坦分治决议，将巴勒斯坦地区分为巴勒斯坦阿拉伯人的国家和犹太人的国家，从而引发了持久的阿以冲突。1948年5月15日凌晨，即以色列国家宣告成立的第二天，以埃及为首的阿拉伯五国开始对以色列发动进攻。由于想急于发挥作为阿拉伯世界领袖的作用，当时埃及的法鲁克国王对发动这次战争的态度最为积极。为此，埃及投入了两个旅的兵力，共计1万多人，其中包括装备有"谢尔曼"式坦克的装甲部队，5个步兵营，1个炮兵团，1个机枪连，外加15架战斗机实施空中支援。②而以色列当时的兵力明显弱于阿拉伯阵营，特别是在重武器方面，只有一辆坦克，20多架轻型飞机和两辆装甲车。但凭借以色列人的团结和智慧，特别是美国等大国的强有力支持，以色列在第一次阿以冲突中取得了胜利。

第一次阿以冲突之后，以色列与埃及之间形成了严重敌视对立的局面。1952年7月，以纳赛尔为首的自由军官组织发动政变，推翻法鲁克王朝，建立了激进的阿拉伯民族主义政权，其目标之一就是打败以色列、解放被占领的阿拉伯人的领土。而以色列虽然在第一次阿以冲突中取得胜利，但生存处境仍十分脆弱，也因此对周边的阿拉伯国家，特别是对埃及保持了相当的警惕和敏感。自1955年起，埃及与苏联迅速接近，并

---

① 中华人民共和国外交部网站，http://www.fmprc.gov.cn/web/gjhdq_676201/gj_676203/fz_677316/1206_677342/1206x0_677344/，上网时间：2017年5月2日。
② 解力夫：《中东战争实录》，世界知识出版社1994年版，第37页。

第三章 地区关系篇

且从后者手中获得包括飞机和坦克在内的大量新式武器,这使得以色列领导层极为不安。当时的以色列参谋长摩西·达扬就认为苏联武装下的埃及已经打破了地区力量的均势,以色列应先发制人,尽快对埃及实施军事打击。[①] 1956年纳赛尔实施运河国有化政策,从英法殖民者手中收回苏伊士运河。该事件同样也在以色列引起普遍的恐慌,其担心英军撤走后就少了一道隔离埃及的屏障。但同时,运河事件也为以色列军事打击埃及制造了机会,其与英法两国一拍即合,发动了第二次中东战争。纳赛尔与苏联的接近和苏伊士运河的国有化,最终使得在安全上极其敏感的以色列再次走向了与埃及的战争。

第二次中东战争使埃及在政治上获得巨大胜利。埃及成为当时阿拉伯民族主义运动的中心,而纳赛尔则成为阿拉伯世界的英雄和领袖,在这种高涨的民族主义情绪中,埃以两国的敌视日益激化。以色列虽然在第二次中东战争中因遭到国际社会的谴责,并在战后退出所占领的领土,但却达到了它的目的:军事上打击埃及,以及在以埃之间筑起了由联合国部队所构筑的缓冲地带。[②] 在与阿拉伯国家之间的战争中,以色列逐渐形成"先发制人"的战略,以军事手段打击一切直接或潜在的威胁。一方是在高涨的民族主义情绪下的整军备战,另一方是咄咄逼人、锋芒毕露的"先发制人"战略,最终导致了第三次中东战争的爆发。

1967年6月5日清晨,以色列以迅雷不及掩耳之势对埃及发动攻击,在短短数小时之内,埃及的空军主力就被摧毁。在六天之内,以色列以闪电般的速度全部击败了与之交手的阿拉伯国家,取得了史无前例的巨大胜利,国土面积由此增加了三倍。军事上的胜利及其后果激发了许多以色列人的极端民族主义情绪和"大以色列国"的思想,"战无不胜"和"强硬"从此成为以色列对阿拉伯国家的心态和态度。第三次中东战争的惨败,给阿拉伯世界造成巨大的心理创伤,特别是对当时作为

---

① 张倩红:《以色列史》,人民出版社2014年版,第272页。
② 肖宪:《中东国家通史:以色列卷》,商务印书馆2001年版,第161页。

阿拉伯国家盟主的埃及。在战争中，与以色列的短暂交手，使得纳赛尔在军事上积攒了十年的心血付诸东流。不仅如此，埃及的西奈半岛也被以色列所占，这样的打击对于埃及而言无异于奇耻大辱。屈辱和复仇弥漫于埃及社会的每一个角落，这也意味着与以色列的战争不会就此终结。

1967年战争之后，以色列和阿拉伯国家之间的仇恨和对抗进一步加剧。由于以色列不愿放弃所占领的土地，而埃及等阿拉伯国家则决心通过战争收复失地，一雪耻辱，恢复民族自信心。1973年10月6日，埃及和叙利亚发动了对以色列的突然袭击，而这天正是犹太教的赎罪日。以色列在1967年取得胜利后，"大以色列"思想迅速膨胀，主张永久吞并所占阿拉伯国家的领土，更为重要的是，这时的以色列认为阿拉伯人不堪一击，且永远都不是它的对手。正是在这种骄傲自大、麻痹轻敌的心理状态下，以色列在战争开始阶段遭受了重大的损失，最后虽然转败为胜，但心理上却受到了打击。而以埃及为首的阿拉伯国家虽未取得军事上的决定性胜利，但却打破了以色列"不可战胜"的神话，一定程度上恢复了民族自尊和自信。1973年的战争是阿以之间规模最大的一次战争，其后果最终改变了以埃两国在相互关系方面的认知和行动，为之后的以埃和谈开辟了道路。

第四次中东战争是以埃关系的转折点。对于埃及而言，虽然当初发动战争的目的已经达到，但武力上却再次败给以色列，损失惨重。而对于以色列而言，此次战争使其遭受重创，上万人伤亡。以色列前总理梅厄夫人在其自传中写道："这本书里提到的所有事件，都不像1973年10月赎罪日战争那样使我难以下笔，它是我亲身经历并将永久铭记在心的一场灾难和噩梦"[①]，"这次战争迫使交战双方都重新考虑维持现行关系模式的成本与效益。延续了25年的战争与对峙所造成的巨额开支，使双方得出结论：武装冲突不再是实现其政治战略目标的一种有效途径，必

---

① [以]果尔达·梅厄著，章仲远、李佩玉译：《梅厄夫人自传》，新华出版社1986年版，第402页。

须找到另一种替代模式"[1]。

1973 年的战争最终促使以色列和埃及走向谈判。1978 年 9 月 17 日，在美国总统卡特的斡旋下，以色列和埃及签署了《戴维营协议》，确立了两国关系的基本原则。1979 年 3 月 26 日，以埃两国最后签订了《埃以和约》。《埃以和约》的签订，标志着以埃两国持续 30 多年的战争状态的结束，开启了两国和平交往的新时期。

（二）冷和平时期的以埃关系

从 1948 年以色列建国到 1973 年第四次中东战争，以埃两国四次兵戎相接，冲突与对峙是这一时期两国间关系发展的主线，1979 年《埃以和约》的签订，标志着双方战争状态的结束。埃及和以色列虽然实现了和平，但这只是解决了两国长期处于交战状态的问题，实现了和解，而之后从萨达特到整个穆巴拉克执政时期，两国间却一直处于一种"冷和平"（Cold Peace）状态之中。以色列前驻开罗大使将这种关系的内涵归纳为十个方面：不从已有和平的基础上倒退；赞成有关军事协定；保持外交和领事关系；以色列船只在苏伊士运河自由航行；与以色列保持最低限度的贸易交往，以此谋求阿拉伯国家对埃及解除制裁；防止从埃及边界向以色列发动恐怖袭击；埃及不介入以色列与阿拉伯国家间的武装冲突；保持交通系统的畅通；向以色列出售原油和保持小规模的贸易水平；保持两国对话的公开渠道，继续为建立本地区和平而努力。[2]

在这种"冷和平"状态中，埃以关系的总特点是"埃冷以热"，呈现不对称性，具体表现在以下两个方面：

其一，政治交往上的冷漠。《埃以和约》签订之后，一系列事件的

---

[1] Brian S. Mandell, "Anatomy of a Confidence-Building Regime: Egyptian-Isreali Cooperation, 1973 – 1979," *International Journal*, XLV, Spring 1990, p. 203.

[2] Ephrain Dowek, *Israeli-Egyptian Relations*, *1980 – 2000*, London: Frank Cass and CO. LTD, 2001, p. 121.

发生，如 1980 年，以色列通过了"耶路撒冷是其永久不可分割的首都"的法案；1981 年 6 月，以色列轰炸伊拉克的核反应堆；1981 年 12 月，以色列在戈兰高地实施本国法律；1982 年，以色列入侵黎巴嫩；2000 年，以色列强硬派领导人沙龙强行进入阿克萨清真寺"参观"，造成巴以之间持久的大规模流血冲突等，导致埃及社会反以情绪高涨，政府间交往变得冷漠。在整个穆巴拉克执政时期，以色列和埃及高级官员访问有限，并且双方的这种官方交往呈现不对称的特点。以色列上至总理、总统，下至其他高级官员，都曾多次访问埃及。但在埃及方面，"除外交、石油、旅游部长外，埃及其他部长被禁止访问以色列"。而穆巴拉克除参加拉宾的葬礼之外，从未对以色列进行过访问。

其二，经济交往上的冷淡。和约签订之后，以色列与埃及在经济方面达成了多项合作协议，但多数未执行，且表现出以热埃冷的特点。在旅游业方面，以色列驻开罗的使馆和世界各地使馆都被授权向埃及公民签发旅游签证，而在埃及方面，除驻特拉维夫的使馆外，其他埃及驻外使馆都被禁止向以色列公民签发旅游签证，甚至某些签证得送交开罗决定，每周仅数百份。[①] 到埃及旅游的以色列公民远多于去以色列旅游的埃及公民。到 20 世纪 90 年代初，以色列成为埃及第三大游客来源国，每年去埃及的以色列游客达 4 万至 5 万人。[②] 而去以色列的埃及游客仅以几千人计。在贸易方面，埃及对以色列设置了严格的审查制度，并且在法律上禁止埃及的国有企业与以色列进行贸易和商业联系。事实上，除和约中规定的埃及与以色列之间的油气贸易外，两国间的贸易交往在 90 年代一直维持在低水平。到了 2004 年底，以、美、埃三国签订"合格工业区"协议后，以埃两国在工业和贸易上的合作才出现转机，但总体水平并不高。

[①] 陈天社：《论埃以"冷和平"关系的形成及原因》，载《郑州大学学报（社会科学版）》，2007 年第 40 卷第 2 期，第 159 页。

[②] Ephrain Dowek, *Israeli-Egyptian Relations, 1980 – 2000*, London: Frank Cass and CO. LTD, 2001, pp. 166 – 177.

第三章 地区关系篇

以埃两国这种"冷和平"关系的形成可归为以下几方面的原因：

首先，久拖不解的巴勒斯坦问题。巴勒斯坦问题是埃及在阿拉伯世界发挥影响的重要领域，直接影响着埃以关系的发展。早在1978年，埃以双方在戴维营谈判时，萨达特就坚持把巴勒斯坦问题与埃以和平相挂钩，但以色列坚决反对，最后在前者的坚持下围绕巴勒斯坦问题的谈判还是成为双方和平条约中的一部分。1979年《埃以和约》签订以后，埃及变成阿拉伯民族和巴勒斯坦利益的"背叛者"。为了抵消和抚慰其他阿拉伯国家对埃及的怨恨，也为了尽自己作为阿拉伯世界"老大哥"的义务，埃及在萨达特时期一直积极主动与以色列就巴勒斯坦问题展开谈判，以此进一步寻求地区和平的全面解决。在穆巴拉克时期，埃及在巴勒斯坦问题上虽由积极主动的参与者转变为巴以双方之间的斡旋者，但巴勒斯坦问题仍与埃以关系保持着很大的关系。例如，2000年9月后，巴以之间发生大规模的流血冲突，巴以和谈中止，为了支援巴勒斯坦，埃及召回了驻特拉维夫的大使，穆巴拉克拒绝与以色列总理沙龙会晤。

其次，根深蒂固的不信任感。经过四次战争的洗礼，以埃之间的不信任早已根深蒂固。以色列对埃及怀有一种矛盾的心理。以色列一方面想与埃及达成和平、结束战争，但另一方面又对其充满了深深的忧虑和不信任感，特别是以色列人从西奈撤军之后。在两国实现和平之后，"埃及约45万人的军队、每年近50亿埃磅的军费开支，使以色列高层依然把埃及视为以色列安全的最大潜在威胁以及唯一能对以色列构成致命军事威胁的国家"。[1] 甚至在20世纪90年代之后，在以色列知识界，不少人呼吁在可能的情况下对埃及采取报复性措施。[2] 而埃及社会对以色列的不信任感则更为普遍和强烈。大部分知识界、商界和宗教界人士要求政府拒绝实现与以色列关系的正常化，甚至呼吁撤销已签订的和平协

---

[1] 陈天社：《埃及对外关系研究：1970—2000》，中国社会科学出版社2008年版，第189页。

[2] Fawaz A. Gerges, "Egyptian-Israeli Relations Turn Sour," *Foreign Affairs*, Vol. 74, No. 3, 1995, p. 75.

议。据1994年的盖洛普民意调查显示，大部分埃及人对以色列的心理隔阂依然很深，他们表示不会购买以色列的商品，也不会去以色列旅游，并反对与以色列实现关系正常化。[1] 此外，埃及高层也对以色列充满疑虑。以色列是中东地区唯一一个事实上拥有核力量的国家，埃及政府对此一直耿耿于怀。虽然实现和平，但埃及对以色列再次迅速占领西奈半岛的可能性从未丧失警惕，埃军防御的重点仍然是以色列。[2] 埃及社会对以色列的这种不信任感至今仍然存在。

第三，矛盾尖锐的核不扩散问题。以色列是中东地区唯一一个拥有核武器的国家，埃及对此一直耿耿于怀。1974年，埃及签署《核不扩散条约》，但以色列始终拒绝加入。90年代，埃及主张地区无核化，并将以色列加入《核不扩散条约》与地区和平相联系。但以色列认为，某些国家拥有大规模杀伤性武器，它的安全仍受到威胁，坚持拒绝在条约上签字。1995年，《核不扩散条约》到期，埃及借是否延期该条约的问题向以色列施压。虽然最后埃及迫于美国的压力再次签署了《核不扩散条约》，但却一直拒绝加入《全面禁止核试验条约》。2005年，埃及外交部长艾哈迈德·阿布·盖特拒绝了国际原子能机构关于埃及批准《全面禁止核试验条约》的要求，称以色列一直拒绝加入《核不扩散条约》，使得地区变得更加不安全，因此要想埃及批准《全面禁止核试验条约》，以色列必须先签署《核不扩散条约》。[3] 而以色列一直以安全受威胁为由，拒绝签署《核不扩散条约》，这一问题也成为影响以埃两国关系发展的重要因素。

最后，地区影响力的争夺。地区影响力的竞争，是以色列和埃及"冷和平"关系背后的又一深层因素。埃及是中东地区的政治、军事、

---

[1] Fawaz A. Gerges, "Egyption-Israeli Relations Turn Sour," *Foreign Affairs*, Vol. 74, No. 3, 1995, p. 74.

[2] 《论埃以"冷和平"关系的形成及原因》，载《郑州大学学报（社会科学版）》，2007年第40卷第2期，第160页。

[3] 《埃及外长：拒绝批准〈全面禁止核试验条约〉》，网易新闻，http://news.163.com/05/0829/18/1SBHOBN70001121Q.html，上网时间：2017年5月17日。

第三章　地区关系篇

人口大国，一直以阿拉伯世界的领导者自居。而以色列是中东的军事、经济强国。20世纪90年代以来，随着中东和平进程的推进，以色列试图借助经济方面的优势以改善与阿拉伯国家的关系，进而扩大其在地区的影响力。为此，以色列主动出击，组织展开地区经济交流，并在经济合作方面与约旦、突尼斯、摩洛哥、部分海湾国家建立了很好的联系。甚至在当时，作为以色列外交部长的佩雷斯还曾呼吁阿拉伯国家联盟应该进一步扩充，将以色列和其他非阿拉伯的中东国家囊括进去。针对埃及，佩雷斯公开说到，"埃及领导阿拉伯人40多年，结果把他们带到了绝望的深渊，如果以色列执掌中东的领导权，你们将看到本地区经济状况的改善。"[1] 面对以色列对其地区影响力的挑战，埃及除给予言语上的抨击外，一方面积极加强阿拉伯国家间的经济联系，巩固其在阿拉伯世界的影响力，如强调阿拉伯市场优先于中东市场；另一方面，强调把如巴以问题、核问题等的解决将以色列能否全面展开与阿拉伯国家的经济合作相联系，进而达到限制以色列影响力扩大的目的。时至今日，影响力的竞争仍在很大程度上制约着以埃双方关系的发展。

进入21世纪的第一个十年后，以埃关系逐渐转暖。2005年3月，之前因巴以冲突而撤走的埃及驻以大使又重新到任；2008年10月、2009年7月和11月，佩雷斯总统访问埃及；2009年5月和12月，以色列总理内塔尼亚胡访问埃及。不过整体来看，这时的以埃关系仍呈现的是一种"冷和平"的状态。但随着2011年"阿拉伯之春"的发生，这种"冷和平"却发生了一些新的变化。

(三) 西亚北非大动荡后的以埃关系

从1979年《埃以和约》签订到穆巴拉克下台的30多年中，以埃两

---

[1] Fawaz A. Gerges, "Egypt-Israeli Relations Turn Sour," *Foreign Affairs*, Vol. 74, No. 3, 1995, p. 74.

国的关系主要呈现为一种"冷和平"状态。虽然如此,但在这30多年中,以埃两国确确实实地享受到了和平所带来的红利。因此,对以埃两国、特别是以色列而言,两国间的和平条约就是地区稳定的基础。但始于2010年底的"阿拉伯之春",给埃及的政局带来巨大变动,执掌埃及权力宝座30年的穆巴拉克在民众的抗议声中下台,政治伊斯兰势力迅速上升,这给两国间的关系造成了很大的影响。

首先是以埃关系的恶化。埃及局势的迅速变化使得以埃之间的关系危机渐显。埃及剧变开始后,迅速牵动了以色列敏感脆弱的神经。面对如此变局,以色列政府高度谨慎,不允许公开发表任何针对性的言论,以免对自己不利。但鉴于当时埃及局势走势的不确定性和穆巴拉克对中东和平进程的特殊贡献,以色列政界在情感上仍倾向于支持穆巴拉克政权。以色列原国防部长本雅明·本·埃利泽在接受媒体采访时曾说:"穆巴拉克政权是强大而稳固的,在埃及没有人真正具有实力能够与穆巴拉克抗衡。我丝毫不怀疑埃及现在的局势仍处于控制中,我们与埃及的关系是战略伙伴关系。"① 而这些类似的言论在埃及却遭到了许多人的抗议,他们反对以色列支持穆巴拉克,认为穆巴拉克能够长期执政就是因为以色列和美国的支持,而对以色列的温和政策正是他们反对穆巴拉克政权的原因之一。事实上,穆巴拉克政权的脆弱性远远超出以色列的想象。在埃及日趋激烈的街头抗议中,穆巴拉克很快便从权力的宝座上被赶下来。而在之后过渡政府和穆尔西政府的掌权下,以埃关系逐渐走向恶化。

正如以色列所担心的那样,穆巴拉克下台之后,以埃关系迅速恶化。在国内清算穆巴拉克呼声高涨的情况之下,埃及对以色列迅速趋于强硬,其表现如下:其一,开放拉法口岸,为哈马斯松绑。2011年5月,埃及宣布开放邻近加沙地带的拉法口岸,使得加沙可不经以色列直接取得与

---

① "Ben-Eliezer: All We Can Do Is Express Support for Mubarak," *Jerusalem Post*, January 26, 2011.

外界的联系，这一举措无疑使哈马斯成为最大的受益者，有利于增强哈马斯的斗争空间和斗争力量。以色列对埃及的这一举措提出了强烈的反对，认为其打破了力量平衡，帮了哈马斯的忙，使巴以谈判更加复杂，并可能导致武器、爆炸装置和恐怖分子进入加沙。其二，冲击使馆事件使埃以双方的关系降至冰点。2011年8月，以色列在追击恐怖分子时打死了五名埃及安全部队人员。为了表示抗议，埃及召回了驻以大使。9月，埃及民众冲击以色列使馆，毁围墙、降国旗，以色列驻埃大使被迫撤离。其三，宗教背景的穆斯林兄弟会上台后，埃以关系进一步恶化。穆斯林兄弟会的穆尔西上台后，埃及政府中断了与以色列的天然气合同，以此试图提高向以色列所出口的天然气价格；总统穆尔西访问以色列的宿敌伊朗；为抗议以色列在加沙的军事行动，埃及再次召回驻以大使；加强与穆兄会同门哈马斯的情报合作等，这些事件导致埃以关系跌入低谷。

虽然以埃关系在穆巴拉克下台后因一系列事件而趋于恶化，但不管是埃及的过渡政府还是穆尔西政府都遵守了埃以之间的和平协议，同时以色列在面对埃及的强硬举动时也始终保持了应有的克制，因此双方在这段时期里关系虽出现恶化，但还是维持了大体上的和平。

接下来是以埃关系走向"暖和平"。2013年6月，仅执政一年的穆兄会政权被军方推翻，塞西取代穆尔西，恢复了埃及军方把持政权的局面，埃以关系出现"转暖"的趋势。2013年7月，刚就任埃及临时副总统的巴拉迪即率多名军方将领突访以色列，发出了积极改善两国关系的强烈信号；2015年9月，关闭四年之久的以色列驻埃使馆重新开放，埃及外交官参加了当天的开馆仪式；2016年1月，埃及总统塞西接待了美国犹太社区领袖代表团，并首次表示支持以色列加入联合国外太空和平利用委员会；2016年7月，埃及外长舒克里访问以色列，此举在近十年尚属首次。更为罕见的是，舒克里选择访问耶路撒冷而非特拉维夫。

以埃关系之所以"转暖"，原因可归结为如下几个方面：

其一，安全合作方面的需要。自穆巴拉克倒台之后，埃及西奈半岛的安全形势不断趋于恶化，而此地又与以色列和巴勒斯坦的加沙地区直接接壤，因此对以埃两国造成了共同的安全挑战。随着该地区极端势力发展迅速，暴力冲突也呈现上升势头，"基地"组织的分支已渗透到西奈半岛，对以色列的安全构成了威胁，为此以色列在以埃边界上修建了长达240千米的防护网，以阻止武装人员经西奈半岛进入以色列。[①] 穆尔西被推翻之后，极端势力更加活跃。2014年，作为埃及官方黑名单中的头号恐怖组织"耶路撒冷支持者"，宣布效忠"伊斯兰国"，该组织对西奈半岛的占据，俨然使该地成为"伊斯兰国"的"西奈行省"。自此之后，该组织的暴力活动更加猖獗，对埃及军警和边境检查站的袭击愈发频繁；2015年1月，该组织炸毁俄罗斯民航客机，重创了埃及的旅游业。埃及虽然投入重兵进行围剿，但效果并不显著，由此埃及急需以色列方面合作，特别是情报方面。而以色列也需要埃及政府对西奈局势的有效控制，以减少对它的安全威胁。安全方面的需要，有效地推动了以埃关系的"转暖"。

其二，埃及试图通过"巴以和谈"的中间人角色来提升地区影响力和强化其国内政权的合法性。自2011年起，由于地区局势动荡和接二连三的内部危机，埃及已远离地区事务、特别是巴勒斯坦问题达数年之久，地区影响力逐渐下降，甚至有人称埃及已经变为沙特的随从。而土耳其与以色列关系的缓和，以及与哈马斯的走近，给了埃及很大的刺激。毕竟，土耳其一直不愿承认塞西政权的合法性。另外，塞西上台执政后，西方国家对埃及的人权状况不断提出批评。2016年3月，美国一些知名的埃及问题专家联合发表致总统奥巴马的公开信，要求他直接向塞西施压，反对其"加紧镇压公民社会"。面对这种情况，埃及打出"巴以和谈"牌，既可避免被边缘化，又能增强其地区政治影响力，还能拉近其与西方国家的关系，最后还能强化塞西政权的合法性。而要重新启动

[①] 杨阳：《中东地区格局变动中的以色列》，《阿拉伯世界研究》，2014年第1期，第28页。

"巴以和谈",埃及必须改善与以色列的关系。正如2016年5月,塞西在公开发言中称,埃及要给以色列和巴勒斯坦带来和平,而埃以两国间的"温暖和平"是巴以和平的重要保障。在以色列看来,埃及在巴以问题上的影响力以及埃以当前对"穆兄会"、哈马斯的相似立场,足以使埃及成为其巴以问题上的潜在助力而非障碍,而以色列需要付出的成本不过就是再次开始一场注定没有结果的和谈而已。① 巴以问题上的互相需要也成为以埃关系"转暖"的重要因素。

在近70年的交往当中,以色列和埃及虽然从战争走向了和平,但这种和平的基础在很长一段时期里仍显得特别脆弱,双方的关系并未完全正常化,交往也仅限于个别层面,且交往程度有限。其中影响两国关系的最主要的问题就是巴勒斯坦问题,而该问题背后则是民族大义与国家利益的交织,特别是对埃及而言。而以色列在巴勒斯坦问题上的一贯强硬,也是巴勒斯坦问题难以解决的主要原因。在此情况下,虽然在塞西上台后,埃以关系出现"转暖",但要想真正走出"冷和平",走向关系全面正常化,仍有很长的一段路要走。

第二节 以色列同土耳其的双边关系

以色列与土耳其都是中东地区亲西方的非阿拉伯国家,是地区内的一对有着特殊关系的行为体。除民族方面的非阿拉伯性外,早期历史、国家制度、地缘环境、宗教情感、国家利益及与西方国家的关系,使得以土两国之间自1948年以色列建国起便建立了一种以实用主义为特点的特殊关系,并一直延续至今。

---

① 唐恬波:《埃及和以色列走向"暖和平"》,《世界态势》,2016年第17期,第49页。

（一）以色列建国至 20 世纪末

从 1948 年以色列建国到 20 世纪末，国际局势经历了冷战至冷战后最初十年的变动，在这段时期里，伴随着国际和地区局势的变化，以色列和土耳其的关系一波三折，大致经过了起步、低迷、黄金时期等三个阶段。

以色列建国至 20 世纪 60 年代初期是以土关系的起步阶段。1949 年 3 月即以色列建国的第二年，土耳其便宣布承认以色列，成为世界上第一个与之建立外交联系的伊斯兰国家，为以土关系奠定了良好的基础。就以色列而言，土耳其在外交上的承认对其有着重大的意义。刚建国之后的以色列，虽然在国际上得到美国和苏联等大国的承认，但在中东地区却处于绝对孤立隔绝的境地，而土耳其的举动，在一定程度上打破了其在地区被孤立的战略局面，有利于它与阿拉伯国家之间的斗争。对于土耳其而言，与以色列交好则出于三方面的原因：其一，以色列属于西方阵营，且是世俗民主政体。其二，在土耳其眼中，苏联一直是最大的威胁，因此加入西方阵营、强化与美国的关系，便是其对抗苏联威胁的最佳战略选择；而犹太人在美国社会有着巨大的影响力，搞好与以色列的关系，有利于土美关系的发展。其三，对抗阿拉伯民族主义的需要。由于土耳其世俗化道路的选择和欧美阵营的成员身份，使得其在阿拉伯国家占多数的中东地区也处在某种孤立的境地之中。尽管当时阿拉伯国家在许多国际问题上的立场远非一致，但对排斥土耳其仍有相当广泛的共识。[①] 因此对抗阿拉伯民族主义的需要，也在一定程度上密切了土耳其与以色列的关系。

在 1950 年以色列与土耳其互派外交代办之后，两国关系进一步升

---

① 孔刚：《勉为其难的盟友——土耳其与以色列关系评述》，《国际展望》，2013 年第 4 期，第 84 页。

第三章 地区关系篇

温。土以开始发展贸易关系,并成为重要的贸易伙伴;土耳其允许保加利亚、叙利亚和伊拉克犹太人通过土耳其移民回以色列;土耳其与以色列在联合国达成了投票联盟。虽然1956年因苏伊士运河战争的爆发,土耳其召回驻以色列公使,并将两国外交关系降至代办级。但其实这只是一个外交姿态而已。[①] 1958年,伊拉克爆发革命,亲西方政权被推翻,亲苏联的民族主义政权执政,由此导致巴格达条约组织的解体;同年,在阿拉伯民族主义高涨的情况下,埃及和叙利亚合并,建立了阿拉伯联合共和国。土耳其将苏联支持下的纳赛尔主义视为对其的威胁。而此时,以色列同样有对抗纳赛尔主义、泛阿拉伯主义和苏联共产主义的需要。出于共同的目的,以土两国在1958年秘密地建立了外层联盟,主要是通过情报方面的合作、以对抗苏联及其支持的阿拉伯政权。

虽然土以两国关系在起步阶段得到了很大的发展,但由于土耳其是一个99%以上的人口都是穆斯林的国家,所以有着同一宗教信仰背景的阿拉伯国家便成为影响土耳其与以色列关系发展的潜在因素,这也是土耳其不愿将其与以色列的关系公开化的原因。到了60年代,随着地区局势的变动,阿拉伯因素在以土关系中的作用愈发明显。

20世纪60年代至80年代是以土关系的低迷时期。1962年,古巴导弹危机发生后,作为与苏联交易的一部分,美国擅自撤走了部署在土耳其的导弹;1964年,土耳其出兵塞浦路斯,引发了美国的强烈反对,并遭到武器禁运的制裁。这两件事导致土耳其与美国的关系出现疏离,进而影响到其与以色列的关系;再加之土耳其国内伊斯兰势力的压力,以及当时其需要阿拉伯国家在塞浦路斯问题上的支持和经济援助,所以在与以色列和阿拉伯国家的关系中,土耳其更倾向于后者。1967年第三次中东战争中,土耳其禁止美国进入其英克尔克空军基地以支持以色列,战后又支持联合国有关敦促以色列撤出所占领土的"242号决议";1969年,土耳其加入"伊斯兰会议组织";在1973年第四次中东战争中,土

---

① 章波:《冷战时期土耳其以色列关系评述》,《西亚非洲》,2010年第8期,第46页。

耳其再次拒绝美国使用英克尔克基地；1974年，土耳其承认"巴勒斯坦解放组织"是巴勒斯坦人唯一的代表；1975年，土耳其投票赞成联合国通过的将犹太复国主义等同于种族主义的决议。[1] 1980年11月，以色列通过"耶路撒冷法案"，宣布耶路撒冷为其永久性首都，此举遭到土耳其的强烈反对，随后土耳其将与以色列的外交关系降至二秘级，两国关系跌入谷底。

这一时期的以土关系虽然呈现出低迷状态，但并未到完全断交的地步。1979年，阿拉伯国家要求土耳其中断和以色列的关系，但遭土耳其拒绝；虽然土耳其允许"巴勒斯坦解放组织"在安卡拉派驻外交代表，但与以色列的一样，都是代办级的。即使以土两国关系在该阶段的冰点时期，两国低级别的关系仍继续在各个领域发展，两国情报机构的秘密交往也一直在进行。[2] 1987年12月，巴勒斯坦大起义爆发，土耳其国内反以、反犹情绪高涨，但1988年土以贸易额仍然上升到1.3亿美元。[3] 土耳其之所以疏远以色列、亲近阿拉伯国家，主要出于实用主义的需要。20世纪80年代中期，随着土耳其和阿拉伯国家贸易额下降，石油价格回落。阿拉伯国家对土耳其的政治和经济影响力减弱。而此时，土耳其试图强化与美国的经济和政治战略方面的联系，因此又主张加强与以色列的关系，以此试图获得美国犹太人院外集团的支持，进而达到获取更多美国援助的目的。[4] 以土关系的这种实用主义特点，决定了这一时期两国关系间所出现的低迷状态只是暂时性的。20世纪90年代，随着国际和地区局势的转变，以土关系再次上升。

20世纪90年代，以土关系进入黄金时期。这一时期两国之间全面

---

[1] Ofra Bengio, *The Turkish-Israeli Relationship-Changing Ties of Middle Eastern Outside*, New York: Palgrave, 2004, p.74.

[2] 章波：《冷战时期土耳其以色列关系评述》，《西亚非洲》，2010年第8期，第48页。

[3] Cagri Erhan, *Turkish-Isreali Relations in a Historial Perpective*, the Center for Eurasian Strategic Studies (ASAM), Ankara Papers6, London: Frank Cass, 2003, p.4.

[4] Cagri Erhan, *Turkish-Isreali Relations in a Historial Perpective*, the Center for Eurasian Strategic Studies (ASAM), Ankara Papers6, London: Frank Cass, 2003, p.40.

第三章　地区关系篇

恢复了大使级外交关系，双方关系出现前所未有的发展，主要表现在以下几三个方面：

其一，高层互访。1992年，土耳其旅游部长阿卜杜卡迪尔·阿泰什访问以色列，这是20多年来第一位土耳其内各级官员访问以色列；同年，以色列总统哈伊姆·赫尔佐格以个人名义到访土耳其；1993年，土耳其外交部长希克麦特·彻廷访问以色列；1994年，以色列总统艾泽尔·魏兹曼出访土耳其，成为以土关系史上首位以正式名义访问土耳其的以色列总统，紧随其后的是当时的以色列外交部长佩雷斯；同年，土耳其总理坦苏·齐勒尔对以色列进行回访；1996年，土耳其总统苏莱曼·德米雷尔访问以色列，而以色列总统魏兹曼也于同年对土耳其进行回访；1997年，土耳其总参谋长伊斯梅尔·哈齐·卡拉达伊和国防部长图尔汗·塔扬先后访问以色列，之后以色列总参谋长阿农·沙哈克和国防部长伊扎克·莫德凯先后回访土耳其。① 总之，这一时期以土之间的高层互访是相当密集的，显示了两国关系前所未有的亲密性。

其二，军事合作。军事合作是以土关系中最为关键的部分。对土耳其而言，以色列是地区的军事强国，并拥有发达的军工科技，这对军工能力较弱但又有雄心的土耳其来说无疑有着很大的吸引力；对以色列而言，军工产业是其国家经济的重要支柱，是以色列对外贸易的主打产业，而土耳其又是一个庞大的军火市场，以色列何乐而不为。在互有需求的基础上，以土两国之间的军事合作在冷战时期就已存在，但最为深入、全面的合作则是在20世纪90年代。1996年，以色列和土耳其签订军事合作协议，这是土耳其第一次与非穆斯林国家签订军事合作协定，也是以色列与土耳其之间的第一项正式的军事协议，标志着两国"战略伙伴"关系的启动。② 该项军事协议所含内容丰富，覆盖了从军工产业、

---

① 赵禹臣：《后冷战时期的土耳其—以色列关系研究》，西北大学2015年硕士论文，第22页。

② Sevil Kucukkosum, "Turkey Slams Israel with Last Minute Deal Dead," *Hurriyet daily news*, September 2, 2011.

军事演练到安全情报等方面，开启了以土两国在军事方面更加具体、深入合作的新时期。

其三，经贸交流。20世纪90年代，以土两国的经贸合作蓬勃发展。1996年，两国的贸易额达4.5亿美元，是1992年的4倍；同年，以土两国达成自由贸易协定，第二年即1997年的贸易额便升至6.2亿美元；1997年，以土两国正式签订自由贸易协议，双方的进出口贸易额出现迅速增长；2000年，以土两国达成了建立自由贸易区备忘录。

以土关系之所以于20世纪90年代进入黄金时期，其原因可归为以下几方面。其一，土耳其安全局势的恶化。进入90年代，土耳其与希腊的关系因塞浦路斯问题日益紧张，与叙利亚因领土、水源等问题争执不断，特别是该时期土耳其国内的库尔德问题凸显，并且出现了低烈度战争状态。更为严重的是，伊拉克、伊朗和叙利亚对土耳其境内的库尔德分离主义者或明或暗地给予着支持，土耳其需要借力以色列来对抗它们，由此推动了以土关系快速发展。[1] 其二，地区局势的变化。90年代初的海湾危机及之后的海湾战争，使得整个阿拉伯世界四分五裂，从而减少了以土之间交往的潜在阻力；而这时期从马德里和会到《奥斯陆协议》的签订，中东和平进程取得突破性进展，使得巴以、阿以之间的关系出现缓和，也为土以关系的发展提供了前所未有的宽松环境。其三，美国因素。土耳其与以色列是美国在中东地区的特殊盟友，以土关系的发展，无法摆脱美国的影响。1991年，苏联解体，冷战结束，美国一家独大，并通过海湾战争，确定了其在中东的主导地位。推动中东民主化、维持地区和平、稳定，进而确保美国在中东的主导地位，是冷战后美国中东政策的主要目标。对美国而言，土耳其正是推行中东民主化政策，遏制伊朗、维持地区稳定的关键力量，因而这时期的土美关系蒸蒸日上，最终也推动了土以关系发展。

---

[1] 李秉忠：《土耳其与以色列关系恶化的原因及其启示》，《现代国际关系》，2011年第12期，第29页。

—— 第三章　地区关系篇 ——

20世纪90年代是以土两国自建交以来双边关系发展的最好时期，两国关系甚至上升到了准军事联盟的程度。但尽管如此，土以之间的关系仍然摆脱不了阿以结构性矛盾的影响。进入21世纪之后，随着巴以关系的再次恶化，以及土耳其国内伊斯兰色彩浓厚的正义与发展党上台执政，以土关系再次出现新的变数。

（二）正义与发展党执政以来的以土关系

2002年11月，有着浓厚伊斯兰背景的正义与发展党在土耳其议会选举中获胜，开始执掌土耳其政权，以土关系热度趋于下降。

长期以来，土耳其政府在巴勒斯坦问题上基本保持谨慎、低调的态度，尽量在阿以之间保持平衡。正发党执政后，土耳其政府积极、高调地介入阿以冲突。[①] 2003年，土耳其在联合国就谴责以色列兴建隔离墙的决议投下赞成票；2004年，埃尔多安指责以色列对哈马斯精神领袖的"定点清除"是"恐怖主义行为"；同年7月，埃尔多安以休假不办公为由，拒绝会见当时访问土耳其的以色列总理奥尔默特；2006年，埃尔多安对以色列在黎巴嫩打击真主党的军事行动中造成大量平民伤亡给予强烈谴责；同年，以土两国因对哈马斯政权的态度问题而再度陷入紧张。以色列将哈马斯定义为"恐怖组织"，而埃尔多安却公开承认哈马斯的合法地位，并邀请其领导人访问土耳其，引起以色列的强烈不满。[②]

尽管以色列和土耳其在巴以问题上产生许多矛盾，但在2008年之前，两国关系并未达到反目成仇的地步，双方之间的合作来往基本上正常进行，两国在高层互访、贸易往来、军事合作等方面仍保持联系。例如，2005年，土耳其与以色列达成了一项价值2亿美元的无人机采购计

---

① 张向荣：《正义与发展党执政以来的土耳其与以色列关系》，《阿拉伯世界研究》，2016年第5期，第93页。
② 《土耳其对以色列关于哈马斯访土的声明表示不满》，网易新闻，http://news.163.com/06/0217/23/2A6UEDN40001121Q.html，上网时间：2017年5月7日。

划。同时，土耳其和以色列还共同举行了有美国参与的代号为"安娜托利亚之鹰"和"可靠美人鱼"的军事演习和海上联合搜救演习。[①] 而两国在这一阶段的高层互访也从未间断过，甚至在双方关系直转急下的2008年，土耳其国防部长还对以色列进行了正式访问。但随着2008年巴以冲突的加剧，以色列在巴勒斯坦的军事行动，使得这一年成为以土关系的转折之年。

2008年12月至2009年1月，以色列在加沙发动了代号为"铸铅"的大规模军事行动，造成大量平民伤亡，该事件成为土以关系的重要分水岭，两国关系自此开始恶化。而在以色列行动的数日之前，以色列总理奥尔默特还曾向土耳其保证会采取和平方式处理加沙问题[②]，因此在事情发生后埃尔多安特别恼火。2009年1月，埃尔多安在接受半岛电视台访谈时，直言土耳其将代表哈马斯在安理会发言，甚至扬言要将以色列赶出联合国；同年，在达沃斯世界经济论坛上，埃尔多安与以色列总统佩雷斯就巴以冲突等问题发生激烈争吵，埃尔多安言辞尖锐，情绪激动，最后拂袖而去。这一事件导致以土关系的危机公开化。2010年1月，土耳其一部渲染以色列军队残暴行径的电视剧《狼谷埋伏》公映，引发以色列的强烈抗议；以色列副外长阿亚隆召见土耳其驻以大使，在会谈中故意安排土耳其大使坐在较低的椅子上，并且在会谈的桌子上只摆放以色列国旗，以此羞辱土耳其，此举招致土耳其的严正抗议；同年4月，以色列军队袭击了土耳其派往加沙的救援船只——"蓝色马尔马拉海"号，导致九名土耳其人死亡；"袭船"事件将土以危机推向了高潮，为了表示不满，土耳其要求以色列大使限期离境，将双边外交关系降至二秘级，并且中止了两国之间相关的军事合作事宜，土以关系至此降至1980年以来的最低点。

[①] Efraim Inbar, "The Resilience of Israeli-Turkish Relations", *Israel Affairs*, 11 (4), 2005, pp. 591–607.

[②] Casey L. Addis, *Israel: Background and U. S. Relations*, CRS Report for Congress, R157349, February 2011, p. 18.

第三章 地区关系篇

"阿拉伯之春"爆发之后,以色列担心地区极端主义和伊斯兰力量的上升将对其安全造成不利影响,因此想改善与土耳其的关系,但土耳其的态度则愈发强硬,尤其是在2011年正发党获得第三次执政选举的胜利之后。2011年7月,埃尔多安宣布将走访哈马斯控制下的加沙地区,以打破以色列对这一地区的封锁;10月,埃尔多安在访问南非时,指责以色列对巴勒斯坦人实行"国家恐怖主义"政策,并称"以色列是地区和平的威胁"。[①] 2012年4月,土耳其不顾其他北约成员国的反对,行使否决权来阻止以色列参与北约芝加哥峰会;2013年6月,在美国和以色列的反对声中,埃尔多安仍然坚持接见了哈马斯领导人;2015年,埃尔多安多次公开批评以色列,称"那些一直在谴责希特勒的人在野蛮程度上已超越了希特勒"。[②] 以色列方面也针锋相对,谴责土耳其允许其境内的哈马斯组织策划对以色列的袭击,并呼吁北约对土耳其采取行动。[③] 两国几乎反目成仇,以土关系的发展基本陷入停滞状态。

自2002年正发党上台执政以来,以土关系龃龉不断,最后到了严重恶化的程度,之所以如此,原因可归结为以下的两个方面:

其一,土耳其内政的变化。土耳其建国后,选择了世俗化道路,而军队一直是世俗化道路的捍卫者。在外交领域,土耳其世俗势力一直奉行安全主导型的外交政策,因此特别注重发展与以色列的关系,以便倚重以色列打击国内的库尔德分裂势力和国外的竞争对手。但随着土耳其国内伊斯兰势力的上升,以军队为代表的世俗势力开始逐渐衰弱,特别是在正发党上台之后,通过改革手段,首次确立了对军方的相对优势。军方通过政变推翻文官政府几乎不可能,而军方势力的下降最终削弱了以土之间合作的基础。正发党政府本身就具有明显的伊斯兰色彩,而白

---

① Sevket Ovah and Yucel Bozdaghoglu, "Role Theory and Securitization: An Agency Based Framework for Decoding Turkey's Diplomatic Offensive against Israel," in *The Turkish Yearbook of International Relations*, Vol, 43, 2012, p. 24.

② "Anti-Semitism on Rise in Turkey: US Report," *Hurriyet Daily News*, October 15, 2015.

③ "Israel Slams Turkey for Hosting Hamas Members," *Hurriyet Daily News*, December 3, 2014.

从 2000 年以来巴以冲突不断，以及 2010 年"阿拉伯之春"的爆发，使得土耳其外交的"伊斯兰化"倾向更加突出。另外，进入 21 世纪之后，随着经济实力的持续增长，土耳其的国家雄心开始膨胀，其外交战略开始转向为主动寻求对地区乃至全球的影响力，扩大自身的话语权，增加土耳其的势力范围，着重强调与邻国的相互依存，在外交活动中重视经济合作及土耳其"软实力"的发挥，呈现一种更为开放且主动出击的态势。① 土耳其开始与周边国家展开"邻国零问题"的外交政策，开始积极发展与阿拉伯国家的政治和经济，并开始改善与叙利亚、伊朗、哈马斯和真主党的关系，这种外交政策加速了土以关系的恶化。

其二，以色列在巴以问题上僵化、强硬的政策。由于以色列建国的特殊背景和原因，使其在中东一直被认为是"非正常国家"，为了保证其安全，以色列一直对阿拉伯国家、特别是在巴勒斯坦问题上，过于倚重军事手段，进入 21 世纪以后，则更为变本加厉。2000 年以军坦克开进约旦河西岸，造成至少 1500 名巴勒斯坦人丧生，以色列开始修建隔离墙；2004 年以色列违背"路线图"，在约旦河西岸修建新的犹太人定居点；2006 年以色列对黎巴嫩进行军事打击；2008 年 12 月至 2009 年 1 月，以色列进攻加沙；2009 年 1 月，以色列对加沙海岸实行海上封锁；2010 年 9 月，以色列在约旦河西岸扩建犹太人定居点冻结令到期后，拒绝延长；2011 年 5 月，以军向抗议以色列立国、纪念第 63 个"灾难日"的巴勒斯坦示威人群开枪，造成至少 13 人死亡。② 以色列在巴以问题上的强硬态度，成为土以关系恶化的主要推动力之一。

如前文所述，以土之间并不存在结构性矛盾，两国关系的构建具有强烈的实用主义色彩，这是由两国在中东地区特殊的地位所决定的。虽然进入 21 世纪以来，以土关系一波三折、甚至几乎到了破裂地步，但两

---

① Sandrin, Paula, "Turkish Foreign Policy after the End of Cold War: From Securitising to Desecuritising Actor," *Turkish Policy Quarterly* 14 (3), 2009, pp. 86–100.
② 《以军向示威巴勒斯坦人开枪，至少 13 人死》，网易新闻，http://news.163.com/11/0516/08/745MCSDT00014JB6.html#from=relevant，上网时间：2017 年 5 月 17 日。

国之间的基本属性,特别是地缘战略位置、与美国的关系、中东地区的政治、安全问题等①,决定了以土两国之间的不愉快只是暂时性的。随着叙利亚内战的持续发展,土耳其的高调介入给其带来了诸多消极影响,如难民问题和国内的恐怖主义问题;另外,俄罗斯对叙利亚的干预,导致土耳其与俄罗斯、叙利亚和伊朗的关系出现恶化。在此情况下,土耳其与以色列关系出现改善的趋势。2016年6月,以土两国签署了完全恢复外交关系的协议。由此可以看出,土以关系出现完全破裂的可能性并不大,两国关系在未来的发展当中仍然有很大的回升空间。

第三节 以色列同沙特的双边关系

沙特是中东地区的大国,得天独厚的油气资源使其坐拥巨额石油美元,在世界能源市场和金融市场拥有着巨大的影响力;同时作为伊斯兰教两大"圣地"的"监护人",沙特还充当着伊斯兰世界"盟主"的角色。但由于阿以冲突和巴勒斯坦问题,沙特与以色列之间却几乎没有公开的直接交往,两国关系主要通过阿以和巴以关系等间接实现,这也构成以沙关系的一个重要特点。冷战结束后,特别是"阿拉伯之春"以来,随着地区局势的变动,伊朗随势"崛起",影响力日渐扩大。为共同的安全需要,以沙关系日渐密切。

(一) 中东战争影响下的以沙关系

1948年,以色列建国拉开了阿以冲突的序幕。除了埃及、叙利亚、约旦、巴勒斯坦和伊拉克等前线国家之外,沙特等其他远离阿以冲突核

---

① 孔刚:《勉为其难的盟友——土耳其与以色列关系评述》,《国际展望》,2013年第4期,第96页。

心区的阿拉伯国家则以间接方式参与对以色列的斗争。在经济方面，阿拉伯国家则联合对以色列实施直接的抵制政策。这时期的以沙关系，是在整个阿以冲突的大框架下、以阿拉伯国家集体的形式展现的。因此，以沙之间并不存在直接的双边关系，这也是以沙关系之间的一个重要特点。

1967年第三次中东战争之前，沙特既坚决反对以色列侵略扩张和美国偏袒以色列的政策，又积极支持巴勒斯坦人和阿拉伯国家的反以斗争。但沙特的支持主要是道义上的，在行动上避免直接介入阿以冲突。尽管沙特也派人参与了1948年的巴勒斯坦战争，但主要是象征性的。沙特之所以采取避免直接介入的政策，其原因在于：其一，沙特远离阿以冲突的中心区域，对以色列扩张政策所构成的安全威胁没有切身体会。[①] 其二，沙特国家无深厚的历史影响力，且当时的经济实力并不雄厚，再加上军事实力羸弱，不具备在阿以冲突和巴勒斯坦问题上发挥关键作用的条件。其三，由于在意识形态、政体和政治主张方面的差异，沙特与当时在阿以冲突中扮演领导者角色的埃及之间存在着竞争关系。如果沙特积极介入阿以冲突和巴勒斯坦问题，最终有利于提升埃及的影响力，这是沙特不愿看到的。最后，美国因素。沙特与美国关系特殊，在许多问题上有求于美国，因此不愿意过于积极、强硬地介入与以色列的冲突之中，以免损害其与美国的关系。

1967年第三次中东战争之后，沙特在阿以冲突和巴勒斯坦问题上由道义上的支持转变为积极主动地履行义务。在1967年的阿以战争中，埃及的军事主力被摧毁，经济损失惨重，纳赛尔主义受到重创，埃及不得不求助于沙特的财力支持；相反，作为阿拉伯国家敌手的以色列在这场战争中却取得了巨大的战果，国土面积增加了三倍，"大以色列"的心态膨胀，对阿拉伯国家的态度更为强硬。而此时的沙特，正值费萨尔国

---

① 王铁铮、林松业：《中东国家通史：沙特阿拉伯卷》，商务印书馆2000年版，第151页。

第三章 地区关系篇

王执政时期，政局稳定，财力日渐雄厚，具备了在阿以问题上发挥重大作用的客观条件。由此，沙特开始从过去道义上的支持转向积极主动履行义务，向阿拉伯国家、特别是向埃及提供长期的经济援助，以支持其发挥阿拉伯国家与以色列抗争的中坚作用。

1968年8月，在以色列军队占领东耶路撒冷期间，发生了阿克萨清真寺被烧事件，该事件将沙特推向了对抗以色列的前台。沙特国王费萨尔一反常态，表现出了十分强烈的反以立场，支持1967年确定的对以色列"不承认""不和解""不谈判"的"三不"政策，并且宣称以色列是"世界上最大的魔鬼"，号召伊斯兰世界团结起来消灭以色列。[1]

在对以斗争方面，"石油武器"的运用是对沙特影响力的最有效展示。事实上，沙特并未从一开始就想通过"石油武器"与以色列及其支持者展开斗争，而是选择通过向美国施压的手段，以形成对阿拉伯国家有利的局面。1972年7月，萨达特驱逐了2万名苏联顾问。沙特认为这是解决阿以冲突的有效时机，因此费萨尔国王提示里根政府，"应抓住埃及驱逐苏联顾问的时机，放弃对以色列的支持，以此向阿拉伯国家表明，美国是因为苏联势力在埃及的存在才支持以色列的；但如果对这一时机置若罔闻，将使沙特在阿拉伯世界陷入非常尴尬的境地"。[2] 但美国对沙特的建议置之不理。在此情况下，为了避免使自己在阿拉伯国家中陷入尴尬境地，沙特选择使用"石油武器"作为阿拉伯国家与以色列及其支持者斗争的手段。1973年10月，第四次中东战争爆发，为了支持阿拉伯国家对以色列的战斗，以沙特为首的产油国通过石油减产、禁运等方式回击以美国为首的西方国家对以色列的支持。面对阿拉伯国家的石油禁运，日本和西欧国家首先放弃了对以色列的支持；而美国却试图通过施压、笼络、威胁乃至恐吓手段，取消沙特对美国的石油禁运。面对美国的压力，沙特并没退缩，最终迫使美国不得不对以色列的偏袒有

---

[1] 陈沫：《列国志·沙特阿拉伯》，社会科学文献出版社2011年版，第393页。
[2] Adeed Dawisha, "Arabia and the Arab-Israeli Conflict: The Ups and Downs of Pragmatic Moderation", *International Journal*, Vol. 38, No. 4, p. 677.

· 105 ·

所收敛。从战争的结果来看，沙特等国对石油武器的运用，无疑对打破以色列"不可战胜"的神话和中东"不战不和"的局面发挥了重要作用。

第四次中东战争之后，埃及与以色列签订和平协议，结束了战争状态，但同时也破坏了阿拉伯国家对以色列方面斗争的团结一致。埃及作为阿拉伯阵营中军事实力最强大的国家，它的退出，使得阿拉伯国家失去了对以色列进行大规模战争的能力，通过战争手段夺回被占领土几乎不太可能。在此情况下，作为伊斯兰世界"盟主"的沙特，为了扩大其在阿拉伯国家中的影响力，同时也为了增进与美国的关系，所以借着地区局势的变化，沙特开始在阿以问题上对以色列采取温和政策，积极主张通过政治手段解决阿以冲突。

（二）巴勒斯坦问题影响下的以沙关系

在20世纪80年代至21世纪初的这段时期里，以沙关系仍主要是通过阿以问题实现的，直接的交往依旧很少。在这一时期，随着地区局势的变化，为了扩大地区影响力和增进与美国的关系，沙特开始对以采取温和政策，并积极主动寻求政治途径解决阿以问题。

为了20世纪80年代，随着伊朗伊斯兰革命的胜利和两伊战争的爆发，使得阿拉伯国家对以战略发生变化，各种解决阿以冲突的方案纷纷出台。为了掌握主动权，沙特王储法赫德提出了和平解决阿以问题的八点建议，即著名的"法赫德计划"（Fahd Plan），其核心内容主要为：以色列撤出1967年在战争中所占领的全部阿拉伯国家的领土；建立一个以耶路撒冷为首都的巴勒斯坦国；以色列与周边阿拉伯国家和平共存。[①] 1982年9月，在摩洛哥非斯召开的阿拉伯国家首脑会议上，沙特在"法

[①] Joseph Kostiner, "The Roots of the Arab Peace Plan and Its Reversals", in Ephraim Lavie ed., *Israel and the Arab Peace Initiative*, (Tel Aviv: Tel Aviv University Press, 2010), p. 97.

赫德计划"的基础上提出解决阿以问题的新方案——"非斯方案"。虽然受到伊拉克、利比亚和叙利亚的反对，但该方案仍被阿盟视为沙特对阿拉伯和平事业方面的重要贡献。

冷战结束后，海湾战争的爆发，使美国确立了在中东地区的主导地位，这为解决阿以问题、促进中东地区的和平创造了条件。1991年，马德里和会的召开，开启了中东和平的进程。1993年，《奥斯陆协议》的签订使巴以问题出现突破，这也使沙特等海湾国家与以色列的关系出现了缓和的迹象。同年9月，出席纽约联合国大会的海湾合作委员会六国外长宣布，为了保护其贸易伙伴的利益，沙特等海湾六国决定解除对以色列经贸方面的间接抵制。对以色列的经济抵制政策是在1947年确定的，其主要内容是禁止阿拉伯国家同以色列进行贸易往来。1967年，第三次中东战争之后，阿拉伯国家又实施间接抵制，禁止同那些与以色列有贸易往来的公司做生意；禁止同上述公司及其子公司有贸易往来的公司做生意，并把所有违反抵制行动的那些公司列入黑名单，通知所有阿拉伯国家不得与它们进行任何贸易往来。而在《奥斯陆协议》签署之后，以沙特为首的海湾国家之所以宣布解除对以色列的间接抵制，除了中东和平进程取得突破进展外，经济利益是其首要考量因素。80年代，国际油价暴跌，沙特等海湾国家的收入减少，而债务却持续增加。例如，1989年到1993年，沙特的债务增长了150%，估计为670亿美元，占当时其国内生产总值的40%左右。[①] 但巴以问题的存在，决定了沙特等国对以色列抵制的解除仍是十分有限的。

90年代后期，一系列事件的发生使得沙特等海湾国家与以色列有限缓和的进程中断。1995年11月，主和的以色列总理拉宾遇刺身亡；1996年，以色列对黎巴嫩真主党发动代号为"愤怒葡萄"的大规模军事行动，导致大量平民伤亡；同年9月，以色列军队宣布开放耶路撒冷西墙的隧道，由此引发巴勒斯坦人与以军之间的大规模冲突，最终导致40

---

① 吴毅宏：《海湾六国与以色列经贸关系解冻》，《世界知识》，1994年第22期，第6页。

名巴勒斯坦人死亡、数百人受伤。在沙特看来,这一系列事件说明,以色列缺乏解决巴以问题的诚意。遂于1997年宣布中止与以色列关系正常化的进程,取消海合会成员与以色列之间的官方对话。①

进入21世纪之后,巴以冲突再度升级,中东和平进程受阻,但沙特仍然在寻求巴以问题解决的道路上"坚持不懈"。2002年2月,《纽约时报》刊登了沙特王储阿卜杜拉的一篇关于解决巴以问题的文章。在该文章中,阿卜杜拉提出了一项解决巴以问题的新计划。该计划虽冠名为"新计划",但其内容与之前解决巴以问题的方案却并没多大出入。对于沙特在此时抛出解决巴以问题的和平计划的原因,有学者认为,沙特此举的部分原因是为了转移来自国际社会的非难,因为"9·11"事件中的恐怖分子绝大多数是沙特人。② 然而,不论如何,"阿卜杜拉计划"的提出确实是开启新一轮阿以和谈的新尝试。

2002年3月,第14次阿拉伯首脑会议在黎巴嫩首都贝鲁特举行。在会上,与会阿拉伯国家在"阿卜杜拉计划"的基础上达成了解决巴以问题的"阿拉伯和平计划"。其主要内容为:以色列应遵循联合国"242""338"号决议,从1967年战争中所占阿拉伯国家的领土上撤出;肯定马德里和会的成果和"土地换和平"的原则;以色列应接受一个以东耶路撒冷为首都的巴勒斯坦国家;以色列应以联合国大国所通过的"194"号决议为基础,解决巴勒斯坦难民问题。对于"阿拉伯和平计划",以色列并未予以否定,但对其中有关难民问题的条款则持坚决反对的态度。对以色列而言,给予巴勒斯坦难民返回家园的权力,最终会颠覆以色列现有的人口结构。③ 虽然如此,以佩雷斯为代表的一些开明的以色列政治家,还是公开对"阿拉伯和平计划"表示赞成。但2002

---

① Yoel Guzansky, "Israel and the Arab Gulf States: From Tacit Cooperation to Reconciliation?", *Israel Affairs*, Vol. 21, No. 1, 2015, p. 133.

② Thomas Friedman, "An Intriguing Signal from the Saudi Crown Prince," *New York Times*, February 17, 2002.

③ Joseph Kostiner, "Saudi Arabia and the Arab-Israeli Peace Process: The Fluctuation of Regional Coordination," *British Journal of Middle Eastern Studies* 36, No. 3, December 2009, p. 424.

第三章 地区关系篇

年因持续发酵的"阿克萨群众起义"(Aqsa intifada),阿以之间的和谈进程再次被阻断。以色列不肯接受"阿拉伯和平计划";而沙特态度坚决,称"阿拉伯和平计划"是实现阿以和平的基本原则,不容讨价还价。

2005年,以色列在沙龙主阵下实施单边行动计划,并于当年将全部犹太人撤离加沙地区,巴以问题出现转机。但之后阿以两国之间的一系列冲突,使得双方在已有进步的情况下再次后退。2006年,以色列对黎巴嫩真主党发动进攻;2008年12月至2009年1月,为打击哈马斯,以色列在加沙地区发动了代号为"铸铅"的大规模军事行动。这些事件再次加剧了以色列与沙特等阿拉伯国家间的紧张关系。尽管如此,"阿拉伯和平计划"仍被阿拉伯国家视为解决阿以问题的基础。2011年,《纽约时报》再次刊登了有关沙特的一篇文章。在文章中,沙特前驻华盛顿大使、沙特情报机构的领导人图尔基·费赛尔称,"2002年的阿拉伯和平计划必须是阿以谈判的起点",而不是终点;沙特愿意就阿以问题的解决恢复与以色列之间的谈判。[①]

除在巴以问题之外,沙特和以色列在经贸方面的关系也有一定的变化。沙特等海湾国家其实与以色列在私下里存在秘密的经贸交往。从2003年至2011年,沙特为首的海合会国家一直是以色列在中东地区的第三大贸易伙伴,仅次于巴勒斯坦和土耳其。[②] 沙特等海合会国家与以色列的贸易主要是通过第三方,其中大部分是在欧洲注册的贸易公司。据估计,通过这种方式,海合会国家与以色列之间年贸易总额可达50亿美元。[③] 另外,为了加入世贸组织,沙特于2005年宣布取消对以色列的经济抵制,在阿拉伯世界首开先河。以色列工贸部称,沙特此举对促进世界各国到以色列投资和购买以色列产品是一个象征性的成就,并将成

---

① Turki al-Faisal, "Veto a State, Lose an Ally", *New York Times*, September 11, 2011.
② Yoel Guzansky, "Israel and the Arab Gulf States: From Tacit Cooperation to Reconciliation?", p. 137.
③ Yitzhak Gal, "Israeli Trade with Middle East Markets in 2011", *Middle East Economy* 2, No. 1, 2012.

为其他想加入世贸组织的阿拉伯国家的榜样；沙特的这一决定比其他已经加入世贸组织的阿拉伯国家如阿曼、卡塔尔和阿拉伯联合酋长国等所做出的要具有更为深远的意义。①但是囿于"阿拉伯"和"伊斯兰"的双重身份，在巴以问题悬而未决的情况下，沙特不可能真正地取消抵制。

（三）西亚北非大动荡后的以沙关系

"阿拉伯之春"爆发以后，中东的地缘政治环境出现巨大变化，叙利亚内战，也门战争和"伊斯兰国"的扩张，为伊朗的"崛起"创造了前所未有的良机，伊朗四处出击，逐渐在中东"构筑"起一条"新月的什叶派地带"，被沙特和以色列视为地缘政治利益的重大威胁。更为重要的是，伊朗核问题以及之后的伊朗核协议的签订，不但深深地触动了沙特，而且还使安全意识更为敏感的以色列"惶恐不安"。对抗伊朗成为沙以两国战略安全规划中的头等大事。对沙特而言，对抗伊朗已在现实利益层面超越了巴以问题；对以色列而言，伊朗早在冷战后就已是其最为主要的战略竞争对手。就这样，"伊朗"因素使沙以这两个因阿以问题长期敌对的国家"走在了一起"。

1979年伊朗伊斯兰革命以前，沙特、伊朗和以色列都是美国在中东地区的盟友。伊朗的巴列维政权与沙特和以色列都保持着相对平稳的关系。但1979年后，霍梅尼领导的伊斯兰革命推翻世俗亲美的巴列维政权，建立反美、反以的神权统治，并且积极向外"输出"伊斯兰革命。伊朗与沙特和以色列的关系逐渐走向对立。霍梅尼称，沙特等国的"君主制等于伪神、偶像崇拜和在地球上传播腐败"②；针对以色列，霍梅尼的言论则更为激进，他将以色列视为摧毁伊斯兰世界的"毒瘤"；而真主党和哈马斯一定程度上也都是伊朗革命输出的重要成果，这两个组织

---

① 《沙特阿拉伯宣布取消对以色列的经济抵制》，《国土报》，2005年11月20日。

② Abrahamian E. Khomeinism, *Essays on the Islamic Republic*, University of California Press, 1993, p.24.

第三章 地区关系篇

思想激进，对以色列拒不承认，是以色列直接的威胁。出于防范伊朗的考虑，沙特与以色列之间的安全合作其实80年代以来就一直存在，已经是一种公开的秘密。①

进入21世纪后，随着阿富汗战争和伊拉克战争的爆发，伊朗的宿敌塔利班和萨达姆政权相继垮台，伊朗事实上已成为海湾地区具有压倒性力量的地区强国，并开始积极扩张地区影响力，特别是在"阿拉伯之春"之后，伊朗加大了对中东地区什叶派势力的支持力度，如对也门内战中的胡塞武装和叙利亚内战中的阿萨德政权的支持等。但对于沙特、特别是以色列而言，伊朗对核武器的追求才是最令两国担忧的战略威胁。伊核谈判开始以后，沙以两国之间的秘密合作不断增多，双方试图以此向美国和其他伊核谈判的成员施加压力、表明立场，同时也是为了强化两国之间的安全合作，防范共同的地区利益受到威胁。② 在沙特眼中，伊朗早已超越以色列成为其最大、最直接的敌手，而伊朗在以色列的战略构想中同样也扮演着"最大威胁"的角色。

由于共同的利益需要，沙特和以色列渐渐走向"亲密"。2013年10月，以色列总理内塔尼亚胡在议会上就伊核问题发表公开讲话，称："自以色列建国以来，阿拉伯国家首次对我们的处境给予了越来越多的理解。这种理解就是，以色列不是阿拉伯人的敌人；以色列与阿拉伯民族有着许多共同的关切。这种理解也为阿以在地区事务上打开新局面提供了动力。"③ 同时，一位沙特王子在接受《华尔街日报》的采访时也讲到，"第一次！沙特与以色列之间的利益是如此的一致。"④ 同年12月，

---

① 钮松：《伊朗因素对以色列—海合会国家关系的影响》，《世界经济与政治论坛》，2010年第2期，第115页。
② Brian Murphy, "Israel, Gulf in Strange Alliance against Iran," *Times of Israel*, November 20, 2013.
③ "PM Netanyahu's Statement at the Opening of the Winter Knesset Session," Israel's PM Office official website, October 14, 2013.
④ Matthew Kaminski, "Prince Alwaleed bin Talal: An Ally Frets about American Retreat," *Wall Street Journal*, November 22, 2013.

沙特情报机构的领导人班达尔·本·苏尔坦在日内瓦会见以色列高级官员，双方就伊朗问题进行了探讨。① 2016 年 7 月，沙特军方人士安瓦尔·以斯奇将军访问以色列，会见了以色列议会中的反对派以及外交部的高层代表团。在访问中，安瓦尔·以斯奇表示，沙特愿与以色列建立多领域的合作，甚至包括重要的情报交换与技术交流。在沙特和伊朗为首的逊尼派势力和什叶派势力明争暗斗日趋激烈的当前，沙特精英人士突然访问以色列，既罕见却又可以理解。由此可见，以沙关系因伊朗因素已经发展到了前所未有的"亲密"程度。

虽然由于对抗伊朗的需要，沙以两国在近些年、特别是"阿拉伯之春"以来关系愈发"亲密"，但这种"亲密"关系是以秘密方式进行的。沙特是伊斯兰世界的"盟主"，囿于巴以问题的悬而未决，以沙关系不可能以公开形式进行，因为公开的交往有可能引发沙特国内民众、激进的伊斯兰势力和其他阿拉伯国家的反对，不利于沙特政权的统治和阿拉伯与伊斯兰世界"领导者"形象的塑造。从这一角度来看，这也决定了以沙交往的有限性。但基于当前伊朗在中东地区的影响力不断扩大的事实，以及对抗共同敌人的战略需要，以沙两国在很长一段时期内仍将继续维持、甚或进一步深化这种"亲密"关系，但要想达成两国之间公开、全面的双边关系，恐怕只能等到巴以问题全面解决的那天方可实现。

第四节 以色列同伊朗的双边关系

伊朗是中东地区的大国，以色列是中东地区的强国，以伊关系是中东地区政治舞台上最重要的国际关系之一，两国关系的发展在整个地区最富戏剧性。60 多年来，以伊关系跌宕起伏、恩怨不断，大致经历了以

---

① "Whistleblower Reveals Prince Bandar's Secret Meetings with Israelis in Geneva," *FARS News Agency*, December 8, 2013.

第三章 地区关系篇

1979 年和 1989 年为时间点的三个发展阶段。

（一）巴列维时期的以伊关系

巴列维时期是伊朗与以色列关系发展的"黄金时期"，两国关系在这一时期里最终发展成为一种"战略联盟"的关系。

以伊关系开局良好，其首要表现就是伊拉克的犹太人问题。1948 年以色列建国后，为了生存和发展，急于将流散各地的犹太人移民至以色列，这也是以色列积极争取与伊朗的巴列维政权建立外交关系的最初动机之一。在以色列宣布建国时，伊朗境内居住着大约 10 万名犹太人，而伊拉克境内的犹太人则是伊朗的两倍。① 由于阿以冲突的爆发，在伊拉克的犹太人开始不断受到当局的迫害，而伊朗的巴列维政权对犹太人仍保持着已有的宽容态度。因此将伊拉克的犹太人通过伊朗转移至以色列，便成为以色列当局的首要外交目标之一。伊朗与以色列同是非阿拉伯国家，两国之间又有着较好的历史基础，且都是世俗化的亲西方国家，所以在犹太移民问题上伊朗给予了较为积极的回应。1949 年 11 月至 1950 年初，每个月有超过 1000 名伊拉克犹太人到达伊朗。毫无疑问，伊拉克犹太人因素在以色列对伊朗的战略考虑中有着特殊意义。

对伊朗而言，与以色列交好背后其实还有更深层的战略利益考量。在当时冷战背景下，巴列维政权认为，伊朗的安全威胁首先来自于北方强大的苏联，其次是激进的阿拉伯国家。为对付苏联，巴列维政权选择积极发展亲美政策，而以色列与美国又是特殊的盟友关系，并且犹太院外集团对美国政府有着巨大的影响力，与以色列交好，有利于促进伊朗与美国关系的发展。因此，伊朗不但在犹太移民问题上给予了以色列积极的回应，并且还于 1950 年 3 月对以色列表示了事实上的承认，只是因

---

① 章波：《巴列维时期伊朗和以色列战略关系的成因》，《西亚非洲》，2007 年第 2 期，第 27 页。

阿拉伯国家和伊朗国内宗教势力等的反对，巴列维政权才未给予以色列在外交上的正式表态；同年，伊朗还在耶路撒冷设立总领事馆。对以色列而言，巴列维政权对其非正式的承认仍是难能可贵的，对打破其在地区的外交孤立状态起到了实质上的作用。

1956年苏伊士战争后，阿拉伯民族主义蓬勃发展，苏联在中东的影响日渐扩大，这引起以色列和伊朗的不安，两国愈发重视相互关系的发展。1958年，埃及与叙利亚合并为阿拉伯联合共和国；1958年，伊拉克发生革命，推翻了亲美的费萨尔王朝，建立了阿拉伯民族主义政权，并退出了巴格达条约组织。此时的伊朗和以色列早已被美国纳入了其对抗苏联的全球战略中，以伊共同面对着苏联的威胁和激进阿拉伯民族主义的挑战，共同的安全利益为两国的战略合作打下了基础。1956年，在以色列情报组织"摩萨德"的帮助下，伊朗建立了国家安全与情报组织——"萨瓦克"。1958年，以色列总理本·古里安欲构建对付阿拉伯国家和苏联的"外围联盟"，遂邀请伊朗加入，由于共同的战略需要，伊朗加入了"外围联盟"，并决心发展与以色列的亲密关系。

20世纪60年代，德黑兰—特拉维夫轴心形成，[1] 以伊关系进入最亲密的阶段。在这一阶段，以色列加大对伊朗军事方面的帮助。除了向伊朗提供武器外，还帮助伊朗训练飞行员、伞兵、炮兵，甚至军官。同时，两国军事高层互访不断。从1961年起，以军几乎所有的总参谋长都访问过伊朗；而到60年代末，伊朗军队中几乎每位将军也都访问过以色列。[2] 在对"敌"方面，两国也进行了卓有成效的合作，其最主要的表现就是以伊两国支持伊拉克库尔德人进行反政府活动。以色列通过"摩萨德"将武器交给伊朗的"萨瓦克"，然后"萨瓦克"再将其转交到伊拉克库尔德人的反政府武装手中，并且伊朗还在其领土上为这些库尔德人提供避难之地。伊拉克政府之所以难以消灭这些库尔德人的反政府活

---

[1] 何志龙、靳友玲：《巴列维时期伊朗与以色列的关系》，《暨南学报（哲学社会科学版）》，2009年第2期，第233页。

[2] Segev Samuel, *The Iranian Triangle*, New York, the Free Press, Macmillan, 1988, p. 31.

动,就是因为伊以两国在背后的支持。① 除此之外,以色列还在农业、水资源利用等方面向伊朗提供了大量援助。

以伊两国在政治军事方面的合作也推动了双方经贸关系的发展,两国在经贸方面的合作主要体现在武器和石油方面。到20世纪70年代中期,以色列向伊朗出口达7000万美元,而伊朗则是以色列石油需求的主要提供者。② 以伊之间的石油贸易始于1953年两国签署的石油供应协议。第三次中东战争以后,以色列从伊朗进口的石油不但能满足国内的需要,而且还出口西欧。③ 而到70年代,随着石油收入的增长,伊朗将大量石油美元用以购置以色列的武装装备,每年可达5亿美元之多。④ 伊以两国在经贸方面的合作在一定程度上也强化了双方的"战略同盟"关系。

1979年,伊朗伊斯兰革命的爆发,使得巴列维政权瞬间瓦解,以伊之间的"战略同盟"关系就此终结。随着霍梅尼的统治在伊朗的确立,以伊关系跌入谷底。

(二) 伊朗伊斯兰革命后的以伊关系

霍梅尼是一个具有强烈反西方倾向的、激进的伊斯兰保守派人物,在其执掌伊朗政权时,以伊关系虽然一落千丈,但因两伊战争的爆发,两国关系仍"藕断丝连"。

早在20世纪60年代,霍梅尼在伊斯兰世界就以反殖民主义而著称。他把美国、以色列和巴列维政权称为三个"大撒旦";将以色列看作西

---

① Nader Entessar, "Israel and Iran's National Security", *Journal of South Asian and Middle Eastern Studies*, Summer issue, No. 4, 2004, pp. 1 – 19.
② 何志龙:《20世纪伊朗与以色列关系评析》,《世界历史》,2007年第4期,第94页。
③ Mark Tessler, " Israel, Arms Exports, and Iran: Some Aspects of Israeli Strategic Thinking", *Arab Studies Quarterly*, Vol. 11, No. 1, 1989, pp. 99 – 126.
④ Bishara A. Bahbah, " Israel's Private Arms Network", *Middle East Report*, January-February 1987, p. 11.

方殖民主义在中东的工具,反对以色列在巴勒斯坦建国,不承认以色列的合法性,号召穆斯林团结一致,共同反抗以色列在巴勒斯坦的政策。他认为,殖民主义无论是左翼还是右翼都企图消灭伊斯兰民族和伊斯兰国家,殖民主义和犹太复国主义正在包围伊斯兰各民族,掠夺他们的财产和自然资源。以色列是西方殖民主义的产物,西方殖民主义建立以色列政权的目的是镇压和殖民伊斯兰各民族。[1] 霍梅尼认为,以色列就是一个"毒瘤",如果不加以铲除,其将摧毁伊斯兰和穆斯林。[2] 70年代,反犹太复国主义成为霍梅尼理论体系的核心之一,并在后来的伊朗宪法中得到明确体现。

伊斯兰革命后,以色列驻伊朗的机构、专家全部撤出,伊朗驻以色列的机构也关门闭市,许多合作项目半途而废,其中包括两国秘密合作研制核导弹的"鲜花工程"。尽管如此,以色列还是没有彻底放弃对伊朗"回头"的希望。在其看来,虽然霍梅尼反以色彩强烈,但放弃伊朗这个战略合作者的时机未到,应把希望置于霍梅尼之后的伊朗统治者身上,因为霍梅尼已是个八旬老人,只是伊朗政坛上的一个过渡者。[3] 而对此时的伊朗而言,因为其奉行"不要西方,不要东方,只要伊斯兰"的对外政策,并积极主张向外输出伊斯兰革命,导致它与西方国家以及周边的阿拉伯国家逐渐走向对立,安全环境迅速恶化。

1980年,两伊战争爆发。在战争初期,伊拉克军队势如破竹,很快便攻入伊朗境内,占领了伊朗的大片领土;因为伊斯兰革命后与美国交恶,美国对伊朗实施武器禁运政策,而伊朗军队的武器装备清一色都是巴列维时期的美式装备。战争开始后,伊朗急需大量的武器供应,迫于现实,最后不得不通过黑市高价购买劣质的武器装备。伊朗在战争初期

---

[1] 王新龙:《以色列与伊朗的恩怨情仇》,《当代世界》,2007年第4期,第18页。

[2] Nader Entessar, "Israel and Iran's National Security", *Journal of South Asian and Middle Eastern Studies*, Summer issue, No. 4, 2004, pp. 1-19.

[3] Trita Parsi, "Israel-Iranian Relations Assessed: Strategic Competition from the Power Cycle Perspective", *Iran Studies*, Vol. 38, No. 2, 2005, p. 255.

第三章 地区关系篇

的这种处境，不但使伊朗人忧虑无比，同时也让以色列"坐立不安"。以色列认为，虽然两伊战争将阿拉伯国家的注意力从阿以问题上引开，从而大大减轻了以色列的压力。但让以色列担心的是，如果伊拉克在两伊战争中获胜，将极大地鼓舞阿拉伯民族主义，将对以色列构成更大的压力。①因此，在两伊战争爆发第九天之后，以色列国防部长就宣称，以色列愿意向伊朗提供援助以换取伊朗改变对以立场，同时以色列也力促美国摒弃前嫌、向伊朗提供援助。②在以色列的作用下，美国不仅允许以色列向伊朗提供援助，而且其也直接向伊朗供应武器装备，这就导致了"伊朗门"事件的发生。

对伊朗而言，以色列的主动"献殷勤"，犹如"雪中送炭"，毕竟这关乎伊朗的"生死存亡"。因此，霍梅尼于1981年对与以色列的武器交易做出裁决，宣布伊斯兰共和国购买以色列制造的武器合法，只要没有与以色列直接进行交易。同时霍梅尼还声称，伊朗与穆斯林的敌人打交道是为了伊斯兰事业的长远利益，为了维护和扩大伊斯兰世界，可以不择手段。③在"你情我愿"的情况下，以伊之间的武器交易"风生水起"。在整个两伊战争期间，以色列总共向伊朗出售了25亿美元的武器装备。④

八年的两伊战争大致相当于霍梅尼掌权伊朗的整个时期。虽然在此期间，以伊两国私下进行了亲密的军事合作，但毕竟此时的两国关系已大不同于巴列维时期，这种军事合作只是伊朗的一种暂渡难关的权宜之计，反以行动仍在同步进行。在1982年的以色列入侵黎巴嫩的战争中，伊朗在黎巴嫩投入大量人力、武力，并一手扶植壮大了以色列的死敌真主党。伊朗对以色列的这种两面性态度，以色列心知肚明。

---

① 何志龙：《20世纪伊朗与以色列关系评析》，《世界历史》，2007年第4期，第95页。
② Trita Parsi, "Israel-Iranian Relations Assessed: Strategic Competition from the Power Cycle Perspective", p. 225.
③ 王新中、冀开运：《中东国家通史·伊朗卷》，商务印书馆2002年版，第387页。
④ "At Each Other's Throats: Israel and Iran", *The Economist*, September 6, 2008.

1988 年两伊战争的结束，1989 年霍梅尼的逝世，伊以之间"藕断丝连"的关系也最终走到了尽头。

（三）进入 21 世纪后的以伊关系

1991 年，苏联的解体开启了后冷战时代的历史进程，在整个世界和地区局势的变动下，以伊关系也因各自地区战略目标的"冲撞"而走向公开对抗。

冷战后，随着中东地区地缘政治环境的变化，以伊开始追求扩大地区影响力。1991 年，苏联的解体意味着以伊两国共同威胁的消失；海湾战争爆发后，在美国等国的军事打击和经济制裁下，伊拉克的实力受到严重削弱，从而减轻了对伊朗和以色列的压力；同时，海湾战争使得阿拉伯世界四分五裂，这不管对以色列还是伊朗而言，都是对其地缘安全环境的一种"松绑"；此外在海湾战争中，伊朗给予美国一定的支持，所以美国对伊朗的评价很积极，暗示其作为海湾地区的一支主要力量能够发挥重要作用[1]。1991 年 10 月，马德里和会的召开，开启了中东和平的进程，以色列与阿拉伯国家的关系趋缓。在此背景下，以伊两国都想在新的中东秩序的安排中发挥积极作用，以扩大其地区影响力。以色列总理佩雷斯提出了由以色列主导的"新中东"战略；而伊朗也认为，自己在历史、人口、面积和自然资源方面的优势，注定应该成为该地区最强大的国家，应该在地区事务中发挥领导作用[2]。战略上的竞争性，使以伊彼此相互视对方为主要的威胁，最终导致两国走向了对抗。

以伊两国为了削弱和遏制对方，展开了激烈的"斗争"。对伊朗而言，其最担忧的是以色列与阿拉伯国家的全面和解，然后形成反伊联盟，

---

[1] Kenneth M. Pollack, *The Persian Puzzle: The Conflict between Iran and America*, Rand Press, 2004, p. 258.

[2] Nader Entessar, "Israel and Iran's National Security", *Journal of South Asian and Middle Eastern Studies*, Summer issue, No. 4, 2004, pp. 1 - 19.

第三章 地区关系篇

致使其在地区陷入孤立;再加之,伊朗被排除在中东和平进程之外,使其这种担忧更加强烈。所以伊朗积极利用阿以之间的矛盾大做文章,大力支持哈马斯等激进势力,试图树立起"真正伊斯兰维护者"的形象,团结阿拉伯国家,以达到反以的目的。1993年,《奥斯陆协议》签订以后,伊朗总统拉夫桑贾尼指责巴解组织"对巴勒斯坦人民犯下了卖国罪",签署该协议是"卖国的第一步,它造成了伊斯兰世界的分裂"。拉夫桑贾尼还指责约旦和巴解组织领导人同意"与以色列领导人坐在同一张谈判桌前",呼吁"吉哈德"对以色列发动"圣战"。[1] 1998年5月,伊朗最高领袖哈梅内伊在德黑兰会见到访的哈马斯领导人亚辛时表示,伊朗将继续支持哈马斯反对以色列的斗争,称以色列是"殖民势力在中东地区留下的恶性肿瘤";1999年4月,伊朗以"为以色列充当间谍"为由,逮捕了13名伊朗犹太人,其中10人被判处徒刑[2],以此显示对以色列的强硬立场。

面对伊朗的挑战,以色列针锋相对,采取了更加咄咄逼人的举措。首先,以色列积极与美国合作,将伊朗排除在和平进程之外,然后利用伊朗反对阿以和平的态度,塑造伊朗反和平的负面形象,以此达到孤立伊朗的目的。正如克林顿政府的一位官员所言:"伊朗反对和平进程只会弄巧成拙,其越是尽其所能地反对和平进程,我们的和平努力就越能取得成功,它就越孤立,我们就越能成功地包围它,和平进程就越可能取得成功。"[3] 其次,利用伊朗政权的性质,扩大其原教旨主义的色彩,加大对其危险性的宣传,积极构建伊朗的恐怖主义形象。1992年,以色列总理拉宾大加宣扬"伊朗的威胁",伊朗是"黑色谋杀政权",它制造了"浓烈的伊斯兰冲击波"。佩雷斯甚至声称:"伊斯兰共和国比希特勒

---

[1] Clark Staten, "Israeli-PLO Peace Agreement: Cause of Further Terrorism?", *Emergency Net News Service*, September 11, 1993.

[2] 刘仲华、王超编:《一九九九年西亚非洲大事记》,中国社会科学院西亚非洲研究所2000年版,第20页。

[3] Trita Parsi, "Israel-Iranian Relations Assessed: Strategic Competition from the Power Cycle Perspective", *Iran Studies*, Vol. 38, No. 2, 2005, p. 265.

更危险","伊朗是恐怖主义,原教旨主义和颠覆主义的中心"。① 2001年"9·11"事件以后,伊朗被美国定性为"邪恶轴心国",以色列对此"功不可没"。最后,大力宣传伊朗的核威胁。对于伊朗发展核技术,以色列是绝对不可容忍的。因为在以色列看来,打破其在地区核垄断的地位,会对其生存和安全构成致命威胁。因此,以色列便劝导西方国家、甚至与海湾阿拉伯国家展开秘密合作,力求挫败伊朗的核计划。

伊核问题一直是伊以两国斗争的焦点,进入21世纪之后,甚至成为两国剧烈对抗的最主要原因。2001年阿富汗战争和2003年伊拉克战争后,伊朗的军事力量迅速膨胀,充当地区领袖的欲望更加强烈,拥有核武器则是作为一个大国必要的条件,也可增加与以色列讨价还价的筹码。2003年,伊朗前总统哈塔米宣布伊朗已成功提炼出铀,自此伊核问题作为国际焦点浮现在世人面前。在西方等国的压力下,伊朗暂停了浓缩铀的生产。2005年,强硬派人物艾哈迈德·内贾德上台执政后,恢复核计划,在西方严厉的制裁面前,仍不"屈服"。针对伊朗重启核计划,以色列摆出强硬的姿态。2008年11月,以色列派出100架F-5和F-6战斗机,在希腊以东海区进行打击伊核设施军事演习,时任总理的奥尔默特随后会见1981年袭击伊拉克核反应堆的总策划人塞拉。② 2009年3月,以色列总理内塔尼亚胡告诉美国总统奥巴马:"美国必须尽快阻止伊朗获得核武器,否则受到威胁的以色列将被迫单独袭击伊朗核设施。"③ 以伊关系恶化为当时中东地区最具对抗性的矛盾。

在以伊关系不断恶化的背景下,伊朗对以色列的"攻击"愈发激烈。2005年10月,内贾德公开宣称,要将以色列从地图上抹掉;2006年2月,伊朗在首都德黑兰举行纪念伊斯兰革命27周年的纪念活动,内

---

① Trita Parsi, "Israel-Iranian Relations Assessed: Strategic Competition from the Power Cycle Perspective", *Iran Studies*, Vol. 38, No. 2, 2005, p. 263.
② Mel Frykberg, "Attack on Iran not Ruledout", *Middle East*, No. 394, 2008, p. 30.
③ Jeffrey Goldberg, "Netanyahu to Obama: Stop Iran-Or I Will", *The Atlantic*, March 31, 2009.

第三章 地区关系篇

贾德在纪念大会上发表了讲话，称德国纳粹杀犹太人一事完全是一个编造的"神话"；2009年4月，内贾德在日内瓦召开的联合国反种族主义大会上称，1948年在巴勒斯坦被占领土成立的"犹太复国主义政权是一个"极端残暴、彻底的种族主义政权"。这与美国将苏联视为"邪恶帝国"具有相似性。除言语上的攻击外，伊朗还在2006年和2008年黎巴嫩真主党和哈马斯对以作战中给予了很大的支持。面对伊朗的"攻击"，以色列也不甘示弱。2006年，以色列前总理佩雷斯在接受记者采访时，称，"伊朗也是可以从地图上抹去的。"① 而行动方面，以色列则给伊朗支持的黎巴嫩真主党和哈马斯以坚决的打击。

"阿拉伯之春"爆发之后，中东局势动荡，叙利亚内战、也门危机和"伊斯兰国"的扩张，为伊朗"大展拳脚"、扩张势力范围提供了前所未有的时机。面对伊朗在地区的快速"崛起"，以色列与沙特等逊尼派阿拉伯国家组建了秘密的反伊阵线。而在伊核问题方面，伊核问题六国（美国、英国、法国、俄罗斯、中国和德国）与伊朗的谈判顺利推进，并于2013年11月在日内瓦达成了解决伊核问题的阶段性协议；2015年7月，与伊朗最终达成了伊核问题的全面协议。根据协议，伊朗将限制其核计划，国际社会将解除对伊朗的制裁。而这对以色列而言是不可接受的，以色列总理内塔尼亚胡认为，伊核协议是一个"令人震惊的历史性错误"，"会让世界变得更加危险"。他还强调，"以色列不受核协议约束，因为伊朗继续寻求毁灭以色列。"②

伊朗核协议达成之后，以色列之所以仍然对其表示坚决反对，原因有三：其一，协议未能规定彻底拆除伊朗核设施，甚至允许伊朗保留部分离心机，使伊朗得以保留核技术，成为事实上的核门槛国家；其二，协议仅涉及伊朗核计划，未解决以色列的其他关切，如伊朗支持真主党和哈马斯、大力发展弹道导弹等远程运载工具及伊朗威胁毁灭以色列等

---

① Nathan Guttman, "Iran can Aslo be Wiped off the Map", *The Jerusalem Post*, May 8, 2006.
② 《伊朗核问题全面协议考验以美关系》，人民网，http://world.people.com.cn/n/2015/0716/c157278-27316709.html，上网时间：2017年6月16日。

问题；其三，协议使伊朗得以逐步解除制裁，其经济将得以恢复，伊朗将有新的资金发展核计划及支持其在本地区的反以盟友。此时，国际主流社会已开始接纳伊朗，因此以色列的反对显得势单力薄。尽管如此，以色列无疑将继续反对下去。

后冷战时代以伊之间的对抗主要体现为一种战略对抗，这种对抗在一定程度上体现了双方安全利益上的零和博弈，任何一方的权力提升都会被另一方看成自身权力的丧失。[1] 因此，在未来很长一段时期里，两国之间的紧张关系仍将继续，对中东地区的整个政治安全局势或许会产生难以估量的影响。

埃及、土耳其、沙特和伊朗都是中东地区的"支点"国家，而以色列同样也是该地区的强国，因此以色列与这四国的关系无疑会对整个地区的和平、稳定、发展产生重大影响。从当前来看，以色列与埃及、土耳其和沙特的关系发展趋势较好，但与伊朗的关系仍处于形如水火的对抗中，除对地区的和平与发展产生不利的影响外，对"一带一路"倡议在中东的展开无疑也会产生阻碍性作用。但如果从另一种角度来看，"一带一路"倡议的开展或许将为以色列与埃及、土耳其、沙特和伊朗等整体关系的改善提供一个很好的历史战略机遇期，进而为中东地区营造一个良好的发展环境打下基础，最后造福中东人民。尽管现实复杂、残酷，但我们仍然希望这种良好的期望最后成真。

---

[1] 孙德刚：《以色列与伊朗关系评述》，《现代国际关系》，2009 年第 5 期，第 29 页。

第四章

科技创新篇

科技创新是以色列的特色标签，同沿线国家之间的科技创新合作是中国推进"一带一路"倡议的重要内容。中国与以色列之间进行科技创新合作早已成为两国政、经、学等社会各界的共识。两国的科技创新合作在2013年习近平主席提出"一带一路"倡议之前就已广泛开展。"一带一路"倡议的提出为两国的科技创新合作提供了新的契机。

中国与以色列在科技创新领域的合作潜能巨大。著名经济学家、诺贝尔经济学奖获得者贝克尔在1994年接受中国《经济学消息报》的采访时认为中国经济发展面临发展模式的转变问题。在他看来，"贫穷国家相对更容易发展，因为可以借鉴发达国家的技术，具有后发效应，但当穷国逐渐富裕起来后，就不可能永远借鉴，而需要发明自己的技术"。[1]

2017年5月14日，"一带一路"国际合作高峰论坛在北京开幕。习近平主席在开幕式演讲中指出要将"一带一路"建成创新之路，他认为："创新是推动发展的重要力量。'一带一路'建设本身就是一个创举，搞好'一带一路'建设也要向创新要动力。我们要坚持创新驱动发展，加强在数字经济、人工智能、纳米技术、量子计算机等前沿领域合

---

[1] 贺雄飞：《创新创业5W 以色列奇迹对中国经济转型的启示》，译林出版社2016年版，第232页。

作，推动大数据、云计算、智慧城市建设，连接成21世纪的数字丝绸之路。我们要促进科技同产业、科技同金融深度融合，优化创新环境，集聚创新资源。我们要为互联网时代的各国青年打造创业空间、创业工场，成就未来一代的青春梦想。我们要践行绿色发展的新理念，倡导绿色、低碳、循环、可持续的生产生活方式，加强生态环保合作，建设生态文明，共同实现2030年可持续发展目标。"①

科技创新合作是中以两国双边外交的重要领域，以色列政府高度重视两国在这个领域的合作。2017年3月，以色列总理本雅明·内塔尼亚胡率领由5名内阁部长和90名商界人士组成的以色列史上最大商务代表团访华。内塔尼亚胡在出席"以色列总理商业创新论坛"时表示："中国有制造与市场能力，以色列有先进的技术。中以合作是'天作之合'。"他认为，"以色列开放的市场经济与先进科技水平的结合是以色列经济发展的强劲动力，中国能在世界舞台上扮演起恰当的角色，依靠的也是科技。以色列优越的投资与商业环境，让该国的初创企业如雨后春笋般涌现出来。在移动通信、网络安全、数字医学等领域，以色列都达成了技术创新与突破。以色列不仅是创新的孵化器，更是跨界创业的孵化器。（以色列）高科技与低科技间的界限已无明显区别，农业、工业的任何领域都有高科技的身影。"②

中以两国的科技创新合作是将"一带一路"打造成创新之路的关键一环。中国是世界上第二大经济体和最大的发展中国家，经济和社会发展已经进入转型关键期，需要继续同国际社会进一步加强科技创新合作，提升本国的经济和社会发展水平。但是中国与欧美发达国家的科技创新合作受制于其对中国长期实行的技术封锁和限制政策难以取得大的突破。而在这方面，以色列对与中国开展科技创新合作限制较少。以色列是

---

① 《习近平主席在"一带一路"国际合作高峰论坛开幕式上的演讲》，新华网，http://news.xinhuanet.com/politics/2017-05/14/c_1120969677.htm，上网时间：2017年6月7日。

② 《"一带一路""双创"将是中以合作重点》，新华丝路网，http://silkroad.news.cn/news/14784.shtml，上网时间：2017年6月9日。

第四章 科技创新篇

"一带一路"沿线国家中少有的科技发达并且愿意同中国进行深度科技创新合作的国家,堪称世界上缩小版的超级大国。尽管中以两国在巴以冲突等多个问题上存在诸多的分歧,但双方仍能够在推进"一带一路"倡议实施的新时期开展广泛的合作。本章将对以色列在"一带一路"科技创新领域的地位和角色进行分析。①

第一节 以色列科技创新的发展概况

(一) 犹太人的科教传统

以色列国的主体民族犹太人有重视文化和教育的传统,在1000多年流散期中,犹太人在阿拉伯帝国的百年翻译运动、奥斯曼帝国的技术改新以及近代欧洲的科技发展中都发挥了重要的作用。世界科技强国德国早期的很多知名科学家都是犹太人。

早期的犹太复国主义者就有很多人重视科技工作。犹太复国主义创始人西奥多·赫茨尔认为:"社会问题的表现形式完全取决于我们的技术力量,技术可能给劳动力市场带来繁荣。我们那些真正造福于人类的技术发明家们将发明比这些更为美妙的东西。"② 1948年建国前,犹太人就开始在巴勒斯坦地区成立相关的科研组织和科研机构。这一时期,犹太人的科研主要集中在农业和医疗卫生领域。1921年,犹太人在特拉维夫成立最早的农业研究站,在希伯来成立最早的保健站从事医疗和公共卫生方面的研究工作。20年代中期,犹太人先后在耶路撒冷成立微生物学院、生物化学系、细菌学系和卫生学系。从30年代开始,犹太人开始

---

① 农业领域是以色列科技创新的重要领域,也是中以之间合作的重要领域。本书后面部分有专门章节谈中以农业合作和水技术,因此本章不再就农业和水领域的中以合作进行深入分析。

② [奥地利]西奥多·赫茨尔著,肖宪译:《犹太国》,商务印书馆1993年版,第87页。

开展在工业领域的研究工作,并成立死海研究室。希伯来大学、工程技术学院和丹尼尔·西埃弗研究中心在(魏茨曼科学研究院的前身)基础科学和技术方面的研究取得进展。

建国后,以色列坚持科学立国,各届政府均重视科研事业。此举也是以色列政府基于国土狭小、人口稀少和资源贫乏的国情采取的正确发展战略。政府对科研工作的投入不断加大,科研研发预算占到国内生产总值的3%。政府重视科研的发展和科研及成果的转化。政府财政资助占到以色列国内各种科研活动经费支出的一半以上。科技部是推进国内科技创新的主要政府部门,它主要资助介于基础研究和工业研究之间的"通用研究",以此来鼓励研究人员从事国家重点领域的研究、提高国家吸收移民科学家的能力、加强国内研究人员与国际社会的科研合作。1995年,科技部投入2200万美元重点支持电光学、先进材料科学、生物技术、微电子学及计算机信息与通信技术五个领域的科学研究,并逐步扩大到生命科学及环境科学等其他重点领域。

(二) 以色列科技创新文化的形成与发展

建国后,以色列为了实现本国经济发展战略的转型,加大了对有高技术含量和附加值的产业的支持。1958年政府通过的《鼓励资本投资法》,其中政府对能够出口创汇的机器制造业和高科技行业给予10%的投资和其他优惠,并对这些部门的从业人员免征50%—200%的所得税。① 从60年代末开始,以色列调整工业战略,开始主要生产技术密集型产品,以发展外向型经济为方向。② 以色列还成功抓住第三次科技革命的机遇,提升本国的科技创新水平,生产和出口高技术产品。以色列一方面运用本国掌握的先进科技对传统工业部门进行技术改造和升级,

---

① 张倩红:《以色列史》,人民出版社2014年版,第385页。
② 同上书,第384页。

第四章 科技创新篇

另一方面大力发展光学和精密仪器、计算机硬件和软件、光学玻璃纤维、航天及航空设备以及生物和化工尖端产品，成功建立起现代工业体系。[①]

政府部门中的农业部、通信部、国防部、教育文化部、能源部、环境部、卫生部、工业贸易部、劳工部、国家安全部等11个部门都广泛资助科研。每个部门都设有首席科学家，每年提供的研究经费都在100万美元左右。

1994年，政府成立科学基础设施高级战略委员会。1995年8月，以色列成立全国研究与开发委员会。委员会成员包括政府各部首席科学家、以色列科学院院长、以色列高教委员会下属计划与预算委员会主席、财政部官员、企业家等高级科学家等51人组成。工业和农业领域是政府部门科研资助的重点。在工业领域研发方面，以色列主要的负责部门是工业贸易部。工贸部重点支持有机光学、计算机软件和通信等领域。

以色列科研创新的主体包括高校、政府部门和公共研究机构以及大量的军用和民用企业。经费来源包括来自国际、国内政府的研究基金以及高等教育委员会管理的综合大学基金。以色列科学基金会（ISF）是重要的研发机构。该机构96%的经费来自政府财政拨款，占国家支持国内基础研究总经费的2/3。

高校是以色列科技创新的重要中心，全国的高科技人才大量集中于此，其充当了国家基础研究的中心。全国30%的自然科学和技术领域的研究工作由高校承担。以色列高校非常重视国际交流，通过各种形式的国际交流和合作提升本国的科研水平。以色列高校还重视科研转化。1958年，魏兹曼科学研究院就已经成为世界上最早将研究成果转化的机构之一。以色列大学多设有跨系研究机构，从事跨学科基础研究，成为国家重要的应用研发中心。以色列的基础研究性项目和培训几乎都由高校承担。此外，高校还设立应用研究基金和实验室，帮助开发有商业价值的研究项目。高校设立的科工贸一体化的机构是以色列实现产学研一

---

① 张倩红：《以色列史》，人民出版社2014年版，第387页。

· 127 ·

体化的重要推动力量，公司专门从事应用研究、推广科研成果和为高校寻找外部投资和合作伙伴。该机构代表高校参与高科技企业的创建和运作。不少以色列高校周围都形成高技术工业园区，成为高校科研成果转化的重要平台。① 以色列尽可能地使研发单位和企业之间形成良好的循环关系，缩短科研成果从研发到转化为产品的周期。

以色列工贸部还通过对采用新技术的新产品的设计费、初期制造费、市场调研费在政策税收上给予支持，鼓励有实力的企业采用新技术，开发新产品。

科技发展方面，以色列重视国内教育的发展，为科技发展提供充足的优秀科技人才。政府还通过大量吸引国外犹太人移民（其中相当部分是高科技人才）提升本国的科技创新能力。高科技人才的引进为国内高科技产业的发展提供了充足动力。此外，以色列还大力开展国际合作。以色列科研机构与欧美发达国家长期开展广泛科研合作。与以色列科技部签订科研合作协议的国家已经达到 50 多个。先后有 150 家外国公司在以色列进行科研投资，其中就包括英特尔公司、数字设备公司、国际商用机械公司等。

工贸部还与美国、加拿大和欧洲各国共同建立科技合作研究基金。到目前为止，以色列与美国合作成立美以科学基金会（BSF）、美以农业研发基金（BARD）、美以工业研发基金会（BARD-F）、美以科学和技术委员会。以色列与英国合作成立英以研发基金（BRITECH），该项目主要支持两国之间的商业项目与制造工艺的研究。与加拿大合作成立加以工业与研究开发基金会（CIIRDF）。与德国合作成立德以科学研发基金会（GIF），该基金主要资助生命科学、医学、化学、物理、数学、工艺学、农学等领域的研究，资金总额为 1.5 亿德国马克。② 以色列与德国的科研合作开始较早。1959 年，魏兹曼研究院与德国马克思·普朗克协

---

① 雷钰、黄民兴等编著：《列国志·以色列》，社会科学文献出版社 2015 年版，第 230—231 页。

② 张倩红：《以色列史》，人民出版社 2014 年版，第 386 页。

第四章 科技创新篇

会就开始科学交流。通过与德国合作，以色列打开了获得欧洲研究经费的大门。[①] 以色列与新加坡合作成立新以工业研究开发基金（SII-RD），以色列还参与欧盟第五框架。以色列与外国成立的联合基金的经费由双方等额提供，资助的研究成果由双方共享。以色列还经常举办高级别学术会议，增加本国研究人员与国际社会的科研合作。以色列和很多国外学术机构建立直接联系，政府还鼓励本国学者到国外做博士后等研究工作，支持他们广泛参与各种国际学术交流活动。以色列政府多次举办国际科技讲习班，培训科技人才。以色列还专门成立为第三世界国家培养各类人才的亚非学院。开展国际合作给以色列的科技创新带来了诸多好处，给本国的科研提供了充足的研究经费，可以充分利用外国人才和科技弥补本国在某些领域的不足，推动本国的技术进步和发展。

以色列科技的发展也得益于国内风险投资产业的发展。20世纪60年代，以色列国内就有50多家股资基金会，资产总额接近20亿美元，有1000多家高技术产业公司得到股资基金会的赞助。[②] 到2008年，以色列的创新创业达到世界领先水平。以方人均创业投资是美国的2.5倍，欧洲的30倍，中国的80倍，印度的350倍。[③] 以色列高科技创新企业的成长离不开风险投资产业的推动。风险投资产业为高科技企业的发展提供了大量的发展基金。以色列科技公司的大量孵化并上市，走在世界的前列。[④]

以色列成立民间论坛特莱姆（TELEM）以解决大型科研计划的经费和协调问题。特莱姆由工业贸易部、科技部和高等教育委员会以及财政部等机构的代表组成。

[①] 马晓倩、赵俊杰、赵琳：《德国以色列国际科技合作情况研究》，《全球科技经济瞭望》，2015年第3期，第44页。
[②] 张倩红：《以色列史》，人民出版社2014年版，第386页。
[③] 胡斌、王斌：《以色列科技创新与互联网行业的发展》，《国际融资》，2012年第12期，第16页。
[④] 雷钰、黄民兴等编著：《列国志·以色列》，社会科学文献出版社2015年版，第228页。

经过长期的发展，以色列在工农业、电子科技、生命科学、能源和水技术等方面一直处于科研的前沿。在工业领域，以色列已经成为世界上第二创业大国，在农业生物、国防、医疗器械、生物工程、大数据技术、电子计算机、光纤和机器人制造等领域处于全球领导地位。以色列的高新技术产品出口已占其工业产品出口的一半以上。[1]

（三）以色列科技创新动力的政策支持

以色列能够成为世界上的科技研发强国，离不开政府的支持。为促进工业研发，以色列政府在1984年颁布《工业研究与开发鼓励法》。此举是以色列政府推动科技创新的重要举措，政府通过立法形式推动科技创新。

该法律由工贸部下属的首席科学家办公室负责实施。2000年，办公室为约1200个项目提供经费支持。政府对民用研发的投入在世界上也居于先进水平。2004年，国家对民用研发的投入达到约43亿美元，占GDP的4.2%，居世界第一位。到2011年，政府对民用研发的投入达到上百美元。[2] 目前，以色列已成为仅次于美国的世界第二创新大国。纳斯达克上市的新兴企业中，以色列企业达到140多家，仅次于美国。世界超过半数的尖端科技公司都参与收购以色列公司或者在以色列建立研发中心。

2011年，以色列每万人中工程师拥有量达140人，居世界第一位。以色列国民中有34%受过高等教育，12%拥有硕士学位，工人中约40%从事研发工作。人均拥有博士学位的比率居世界第一，是世界上工程师占人口比率最高的国家，人均研发投资居世界第一。今天，以色列在尖

---

[1] 雷钰、黄民兴等编著：《列国志·以色列》，社会科学文献出版社2015年版，第226—228页；李威：《以色列科技创新的成功经验与启示》，《决策咨询》，2012年第5期，第15页。

[2] 雷钰、黄民兴等编著：《列国志·以色列》，社会科学文献出版社2015年版，第233页。

第四章 科技创新篇

端领域世界领先地位的高科技企业达到1000多家。[1]

以色列OFC基金（OFC-iFund）管理合伙人李一戈（Yigal Livne）在2017年3月举行的"以色列总理商业创新论坛"上表示："以色列之所以能形成高科技生态系统，得益于现有的科技基础设施，包括强大的国家防御系统、领先的教育机构、跨国企业的研发中心；得益于国内人才济济，还有很多科技移民，而且很多人具有企业家精神和冒险精神；得益于充满活力的风险投资产业以及政府的大力支持。"[2]

第二节 以色列的科技创新优势

以色列在能源、计算机网络、医疗和军工电子科技等领域拥有明显的科技优势。中国在以上领域中尽管取得了巨大的成就，但是仍需要加强与世界先进国家的合作，进一步提升本国的科技水平，以适应经济社会进一步发展的需要。

本部分将结合中国推进"一带一路"倡议的实际需要对以色列在以上四个方面的科技优势进行解读，探讨两国在这些领域的合作前景。

（一）以色列在能源领域的技术优势

在过去，"地大物博、人口众多"是中国国情的基本写照。新中国成立后，中国长期居于世界能源大国的行列。中国的煤炭储量和产量居于世界前列，不仅能够满足国民经济发展的基本需要，而且能够大量出口到国外。为摘除贫油国的帽子，满足新中国社会主义经济建设的需要，

---

[1] 张倩红：《以色列史》，人民出版社2014年版，第389页。
[2] 《"一带一路""双创"将是中以合作重点》，新华丝路网，http://silkroad.news.cn/news/14784.shtml，上网时间：2017年6月9日。

中国各界人士经过不断努力，勘探和发现了许多大油气田。国内的油气产量远远超过国民经济发展的需求，在1993年以前，中国的石油大量出口国外。1993年以后，中国经济的高速发展，对能源特别是石油的需求大增，中国逐渐停止石油出口，开始大量从外国进口石油以满足本国经济社会发展的需要。目前，中国的石油需求对外依存度已经超过2/3。随着国民经济的持续发展，国内对石油的需求和进口会进一步增加。此外，经济发展长期对煤炭的依赖，造成严重的环境问题。煤炭在生产和消费的过程中也经常表现出粗放式、使用率低和浪费严重等问题。为满足国内日益增长的能源需求，国内在提高国产能源利用率、对外广泛开源的同时，还需要大力开发利用新能源，通过科技创新解决能源问题。

目前，开发利用新能源和推动能源领域的科技创新在全球范围内成为共识。创新和环保是各国能源发展战略要实现的重要目标。大量化石燃料的使用造成的环境污染和全球气温上升等问题成为全球各国面临的共同课题。减少对化石燃料的使用、降低二氧化碳排放势在必行。

以色列在能源使用领域的科学技术能够为我国学习和借鉴。以色列国土面积狭小，能源缺乏，世界上能源最短缺的几个国家之一，大量的能源需要依赖进口。该国很早就开始对太阳能、地热能、风能和生物燃料等可替代能源进行开发利用，并取得很好的成效。以色列在能源开发使用上取得的成效显著。

以色列拥有先进的使用地热资源的技术。该国目前正在测试采集地热并将其转化为蒸气来推动动力涡轮机工作的地热发电站。以色列的奥玛特（Ormat）公司是世界上最先进的利用地热能的公司。该公司经营总计约370兆瓦的地热发电厂，还与全球多家电力公司签署协议，使用由其认证的地热能技术。

以色列在使用风能和生物能源方面也取得不小的成就。以色列已成功研发出一种可膨胀柔性转子的风能涡轮机。以色列海洋生物技术公司的科学家们也已研制出一种可利用海藻制造生物燃料的技术。

以色列还重视核能的开发。以色列出于安全战略的目的较早便开始

第四章 科技创新篇

发展核能工业，以色列在特拉维夫创建核研究中心，在迪莫纳附近修建了秘密核设施。以色列是事实上的拥核国家，由于美国的支持和纵容，以色列的核活动不受国际社会的监管。以色列军用核技术的成熟为发展民用核能工业创造了很好的前提条件。

2002年，以色列政府宣布计划在内盖夫沙漠的希弗塔建造一座1200兆瓦的核电站。2010年，以色列基础建设部部长表示国内正在研究建设核电厂的可能性，以推动能源的多元化发展。基建部同时宣布将利用法国的技术与约旦合作修建一座核电站。[①]

以色列国内研究机构正研究利用现有知识创造可持续能源的方法。以色列工程技术学院科学家们开发的塔式技术原型和随后的研究项目可利用干燥的空气和水（海水或半碱化水）通过1000米高的烟囱产生能源，获得低成本的电力，还能降低一半的海水脱盐成本。纯引擎（Engineuity）公司开发的安装于内燃机驱动车辆上的独特制氢技术，克服了与氢相关的所有电流故障，拓展了混合动力汽车的研究开发。

以色列的绿色能源解决方案也值得中国学习和借鉴，并能够成为中以两国科技创新合作的重要选项。

以色列的绿色能源方案瞄准国际社会关注的前沿领域。突破能源基金（Breakthrough Energy Ventures）是以比尔·盖茨（Bill Gates）和沃伦·巴菲特（Warren Buffet）为首的投资者创立的规模达10亿美元的新基金，主要投资方向是清洁能源技术。根据该基金的预测，太阳能燃料，能源存储和资源管理系统将在未来清洁能源技术中处于前沿地位。

在太阳能方面，以色列开发和使用太阳能的技术全球领先，它还是世界上人均家庭使用太阳能热水器最多的国家。以色列95%以上的家庭所使用的热水都是通过太阳能热水器加热的。以色列还拥有先进的太阳能转换技术，其国民广泛使用光电转换板，将太阳能转化为电能。该国光电转换板的光电转化的效率已经达到14%—22%。此外，以色列还掌

---

① 雷钰、黄民兴等编著：《列国志·以色列》，社会科学文献出版社2015年版，第236页。

握了利用含一定盐分和矿物质成分的池塘水吸收太阳能的技术。①

太阳能燃料被定义为一种人工或化学合成燃料，通过阳光或太阳热量创造热化学和电化学反应的光化学/光生物学条件。由于知名度不高，太阳能燃料科学近来才刚在市场上实现经济可行。以色列企业在太阳能科学领域表现出色，拥有 H2 现能源（H2 Energy Now）和阿奥拉（AORA）等太阳能发电技术。

H2 现能源可以有效地利用太阳能资源。H2 的节能工艺已经进行过多次试验，它能够将能量转换为电磁波进行储存。该技术利用电磁波分裂水分子，产生氢气和氧气，具有廉价、高效和生态环保的特点。

阿奥拉的太阳能发电方案是一个能每天 24 小时不间断地给联网和离网地点提供绿色电能的太阳能混合动力系统。阿奥拉的郁金香太阳能混合系统配有燃气轮机，当日照不足时，几乎任何一种替代燃料都可以使之运行，产生不间断的可用电流。这种技术具有效率和位置双重灵活性。阿奥拉发展可再生能源方面的相关技术，旨在减少化石燃料对环境的影响。阿奥拉的模块化系统所需的水资源极少，土地消耗也少，产生的电量却更多。②

太阳能燃料技术为能源革新者振兴现有电网提供了新的机遇。H2 现能源和阿奥拉两家公司的经验表明，太阳能的潜力不止体现在驱动高成本的太阳能电池板，以色列的太阳能燃料技术可以帮助中国减少碳排放和对外能源储备的依赖。中国的"十三五"规划已明确表示，针对能源需求问题的环保解决方案已经成为中国全面建设"小康社会"发展阶段的重要关切，再加上清洁城市这一目标所带来的持续压力，清洁技术的价值正日趋成倍增长。

H2 现能源可以有效地弥补中国太阳能利用技术的不足。以色列公司先进的太阳能利用技术对于中国进一步提高开发利用太阳能具有很大的

---

① 雷钰、黄民兴等编著：《列国志·以色列》，社会科学文献出版社 2015 年版，第 236 页。
② 魏凯丽：《全球能源需求渐增，还需清洁能源解围》，SIGNAL，2017 年 3 月 1 日。

第四章 科技创新篇

推动作用，助推中国的能源改革。中国国内的太阳能资源丰富，但是开发使用的水平不高，资源的开发使用潜力巨大。

在能量储存方面，目前，中国能源生产、运输和消费过程中存在的一个重要问题是能源的长距离运输消耗多，同地区以及同一地区的不同时期能源使用存在时间差。经常出现高峰时电力供应不足而低谷期供应过剩的情况。先进的能量储存技术能够实现能源更有效的利用。电力储存使得能源长距离运输和能源存储以备不时之需成为可能。清洁能源形式多样，不能有效储存能源会让设备易在高峰时段停机。

当前，锂离子电池和太阳能蒸汽技术是世界能源存储生产技术中的前沿领域。以色列的太阳能蒸汽技术领域走在世界前列。布伦米勒（Brenmiller）能源公司是以色列著名的太阳能公司。它采用的是模块化的太阳能蒸汽发电产品形式。布伦米勒的核心技术——Cell 模块是一个太阳能蒸汽锅炉，可在标准的涡轮发电机条件下（气温达到 500 摄氏度，气压达到 100 巴及以上）产生起调节与控制作用的蒸汽。Cell 模块由太阳能发电场和能源中心组成，能源中心最初存储热能，当蒸汽直接进入涡轮入口时将热能释放。这一单向过程使得能源中心成为太阳能发电厂和电站设备之间的缓冲区，有助于减少集成的复杂性，使太阳的热量具有充分可调度性。

在资源管理方面，中国每年的能源消耗量巨大，在使用过程中因为管理落后、粗放经营造成的浪费更是触目惊心。中国的能源使用效率与德国、美国和日本等发达国家相比落后很多。在能源管理领域实现创新对中国提高能源使用效率来说至关重要。国内能源的短缺使以色列重视对能源管理技术理念的研究和开发。诺泰索视（NortecView）公司是能源管理领域的领跑者。该公司构建了"包括移动地理信息系统（GIS）软件、精确到英尺以下的 GPS 定位、条码扫描技术和合成应用的多种解决方案"。诺泰索视系统"可实现实时数据采集，安装有地下基础设施监测仪"。通过能看出大片区域内详细资源使用和损失数据的整体系统，NortecView 可提供更精确的现存电量数据，同时有助于减少其对环境的影响。①

中国现在已经成为世界上最大的能源消费国,需要学习新能源方案。新能源方案能够帮助中国提高资源的利用效率,开发使用新能源,有效缓解国内的能源需求压力和因为大量使用化石燃料带来的环保压力。清洁能源解决方案已成为中国能源战略的重要内容。2017 年年初,中国正式承诺到 2020 年在可再生能源方面将投入 3600 亿美元。国家能源局指出,随着中国电网的扩大,将给予太阳能和风能等能源优先入网权。国家能源局的新使命是分配大量资源到清洁能源领域,帮助重塑中国能源市场。这一使命将带来划时代的变革。对于中国和国际伙伴而言,绿色能源的大量生产将推动创新,在众多重要产业方面进行科学合作。作为工作机会和生活质量的推动者,清洁能源将创造大量合作共赢的战略机遇。在清洁能源领域的投资将帮助减轻中国经济区域内的环境污染和环境退化问题。为了促进环保型发电的发展,中国已取消百余家火力发电厂的建设。中国在国家能源战略层面要实现从化石能源依赖向清洁能源的转变。

以色列能源创新企业在中国有着很好的优势。将以色列在清洁能源领域的前沿技术加以整合,有助于中国实现其最近设立的宏伟能源目标。

中国的"十三五"规划中涉及能源的重要内容是节能减排,提高常规能源的使用效率,减少二氧化碳排放。诺泰索视等公司的方法能有效帮助减轻污染,减少有毒污染气体的排放。中国在太阳能资源的开发利用、能量储存和资源管理方面和以色列有着广泛的合作机会和空间。两国在绿色科技方面的合作更是前景广阔,双方能够通过在能源领域开展合作实现共赢。②

---

① 魏凯丽:《全球能源需求渐增,还需清洁能源解围》,SIGNAL,2017 年 3 月 1 日。
② 魏凯丽:《全球能源需求渐增,还需清洁能源解围》,SIGNAL,2017 年 3 月 1 日。

— 第四章 科技创新篇 —

（二）以色列在计算机网络领域的技术优势

以色列互联网科技发达。1985 年，以色列研发支出总额的 85% 投入到硬件和通信设备方面，为后来互联网行业的发展打下了很好的基础。[①]

从 20 世纪 90 年代开始，以色列的互联网通信一直快速发展，为世界现代互联网的发展做出了不少开拓性的贡献。20 世纪 80 年代末 90 年代初，以色列形成密集的 IT 研发集群。以色列网络技术的发展得益于国防军工的支撑。

1996 年，以色列公司发明了即时消息客户端 ICQ。中国国内常用的网上寻呼系统 OICQ、Internet 即时通信软件腾讯 QQ 都源于 ICQ。ICQ 产生后就成为世界上最主要的 IM 客户端。20 世纪 90 年代开始，以色列的电子商务业务就开始进行快速创新和发展。1998 年，Shopping.com 网站成立，是以色列早期成功的电子商务企业之一。2004 年，Shopping.com 成为美国最流行的电子商务网站之一。以色列的电子商务公司 My Supermarket 在英国广泛使用，公司网站不仅帮助客户从不同超市根据自身需要选择购物，还帮助制造商和零售商实时跟踪市场信息变化，提高销售。以色列电商 Web Collage 可以帮助制造商准确及时掌握商品信息，扩大市场。[②] 以色列的互联网广告公司发展创新也达到很高水平。Media Mind 是以色列国内的一家著名技术型互联网广告公司，2010 年在纳斯达克成功上市。以色列在该领域的其他公司有 Adsmarket、Peer39、Exelate、Kenshoo、Dotomi、Mythigs、Dapper、Innovid、Adap.tv、HiroMedia 等公司。[③]

世界上知名的互联网行业巨头像微软、谷歌、eBay 和 Liveperson 都

[①] 刘小军、涂俊：《横向科技政策的成功运用——以色列软件产业发展对中国软件产业转型的启示》，《科技经济社会》，2011 年第 2 期，第 70 页。

[②] 胡斌、王斌：《以色列科技创新与互联网行业的发展》，《国际融资》，2012 年第 12 期，第 17 页。

[③] 同上书，第 18 页。

在以色列境内设立分公司或研发中心。

以色列的网络安全技术也走在世界前列。以色列在世界信息安全技术领域长期领先。20世纪90年代，以色列率先开始第一代网络安全创新，在早期杀毒软件和防火墙技术领域取得突破进展。这得益于以色列将大量的军事科研资金投入计算机技术领域，国内也培养了大批网络安全技术人才。以色列在互联网与网络安全保障、杀毒软件等领域的技术发展非常成熟。

历史和现实的原因造成以色列建国后一直和周边国家处于敌对状态。以色列政府重视网络和现实各方面带来的威胁，将大量的资金投入网络和情报安全领域。很多在军事部门工作过的以色列国民退役后能够轻松进行网络安全技术领域的创新。以色列发达的科技教育、良好的创业环境都为网络安全创新提供了必不可少的条件。以色列的网络安全技术涉及互联网与网络安全保障、杀毒软件开发、反欺诈、身份验证和数据保护等网络防护技术以及物联网和汽车安全技术等。以色列比较知名的网络安全公司包括 Check Point、CyberArk、Adallom 和 Rafael 公司。Check Point 公司是以色列最早开发防火墙系统的公司；CyberArk 公司是以色列知名的数据保护公司，在保护企业免受网络攻击方面处于市场领先地位，仅在 2014 年，该公司首次募股便达 8600 万美元。Adallom 是以色列著名的云安全公司，该公司 2015 年被微软收购。

从 20 世纪 90 年代开始，以色列开始引领以网络安全技术为代表的全球信息安全技术的发展潮流。以色列在世界上首先开始进行网络安全创新，其内容涉及早期杀毒软件和防火墙技术。在世界网络技术发展的进程中，以色列一直处于制高点。目前，以色列拥有世界上最尖端的网络技术人才、网络创新平台和氛围。

经常遭受网络攻击使以色列重视网络安全技术的研发和创新。目前，以色列的网络安全技术在国际市场上很受欢迎，很多跨国企业将网络安全的研发中心放到以色列，和以色列合作进行网络安全技术研究。以色列在网络安全领域长期保持领先态势，跨国公司参与以色列网络安全行

第四章 科技创新篇

业越来越多，它们为以色列网络安全行业研究提供了大量的资金。

目前，以色列有超过350家网络安全公司，网络安全行业出口额达到35亿美元，仅次于美国，居世界第二位。世界最大的网络安全公司中前三位都是以色列公司，分别是CheckPoint, CyberArk和Imperva公司。

中国需要打造信息丝绸之路。2015年3月，李克强总理提出十年"互联网+"倡议，将网络空间与工业、商业和银行网络整合起来。"'一带一路'建设需要海底光纤、通信卫星等通信技术和手段作支撑，实现沿线国家信息基础设施的标准化。以色列在网络技术上的优势可以有效地帮助中国推进信息丝路建设。而以色列网络技术的发展需要中国高科技企业的投资，双方合作潜力大。"

此外，中国"一带一路"倡议的实施需要大数据技术做支撑。大数据又称巨量资料，指的是需要新处理模式才能具有更强的决策力、洞察力和流程优化能力的海量、高增长率和多样化的信息资产。大数据具有大量、高速、多样、价值密度大和真实性等特点。近几年出现的大型处理器和先进的计算机系统，使大数据分析成为可能。以色列的大数据技术发展成熟。以色列知名的大数据研发和创新企业有ATP实验室、Taranis公司、Windward公司、ThetaRay公司等。

ATP实验室主要提供硬件和软件平台，用于简化数据驱动的农业并节约成本。ATP实验室的核心技术是"基于云计算的GrowOS平台的Calvin IoT模块。它整合多级模拟和数字传感器，控制灌溉和照明。它还从各种数据源中采集耕种数据和活动，在不同农场、集结和地域运行先进的建模技术，为农民提供宝贵可行的建议"。[①]

ATP的Calvin IoT模块提供精密的农业界面，可与众多通过数据驱动算法进行感应和控制作物生产的硬件设备相结合。ATP实验室提供的市场化系统可以显著增加农作物产量。它开发的管理和改善农业数据的程序，可为当今农民所用，Taranis公司提供农业应用中处理大数据的新方

---

① 魏凯丽：《以色列的大数据技术和"一带一路"建设》，SIGNAL，2016年7月13日。

法。它开发的一种"高级预测"方法可生成包括天气、灌溉和病虫害状况等生长条件在内的综合分析图景。"来自卫星图像、传感器和灌溉的Taranis版权所有、基于本地天气模型和算法分析数据,帮助农民增加产量并降低成本。"通过大量的研发,Taranis系统"让农民可以计划整个季节的任务;使用算法优化这些任务,从而减少成本,使收益最大化"。实际上,Taranis在农业大数据分析领域取得的行业领先成果,能够在全球农业生产中重新洗牌。Windward公司是以色列国内从事海洋数据分析的创新公司。该公司长期致力于海洋数据分析和跟踪。在提供综合的海洋数据和分析方面已经做得十分成熟。"全球的安全机构都在使用Windward的系统去应对从走私到主权争端的海上问题。渔业部门使用采集的数据去打击非法捕鱼;商家登陆此平台去了解他们面临的海上风险。"

ThetaRay也是以色列国内的大数据创新公司。该公司抓住以色列政府积极对接中国"一带一路"的良机,完成了以色列的"一带一路"大数据解决方案。以色列进入数字基础设施安全领域。该公司引领以色列基础设施的大数据建设。ThetaRay改变了以色列企业创业的局面,它"针对未知威胁为先进的网络安全、运行效率、风险检测、保护金融服务领域和重要基础设施提供大数据分析平台和解决方案。ThetaRay的核心技术基于最先进的算法,拥有专有的多维、多畴大数据分析平台。那些依赖于高度复杂和多样环境运行的组织机构都在利用ThetaRay无可比拟的检测和低假阳性率"。

中国是世界上的人口第一大国,人均耕地面积远远低于世界平均水平。中国又是各种气象自然灾害频发的国家,自然灾害严重影响到正常的农业生产。在中国城镇化的过程中,城市建设与农业生产争地的矛盾很难缓解。为保障满足国民基本生活的粮食供应,中国需要在保证足够的耕地面积、积极应对各种自然灾害的同时,通过使用现代科技手段提高粮食产量。在推进"一带一路"的过程中,沿线地区国家的农业生产也关系到这些地区的稳定,直接影响到"一带一路"实施的效果。以色列的大数据公司的先进技术理念对于提高中国的农业生产有很强的学习

第四章 科技创新篇

和借鉴意义。

对于中国来说，保护耕地、提高农业产量的一个重要途径是在守护既有耕地的同时，利用现代科技开发原来不适合耕种的土地。以色列依赖其发达的农业科技将原本荒凉的国土开发成农业高地。ATP 实验室和 Taranis 公司的大数据技术也是以色列农业科技发达的体现，显示出以色列在农业科技创新中的优势。以色列农业技术（大数据驱动）的实施能够帮助增强半干旱地区的使用，使沙漠开花。农业大数据解决方案可用于提高现代"丝绸之路"主要经济区的农业效率，为国际市场提供新的资本，增加经济繁荣和政策互联。

"一带一路"倡议要实现政策沟通、道路联通、贸易畅通、货币流通和民心相通。道路联通和贸易畅通在今天也需要大数据技术做支撑。中国倡导的"一带一路"建设的重要组成部分是"21 世纪海上丝绸之路"建设。跨地区的海洋贸易运输要面临错综复杂的数据。Windward 公司独创的专利技术和算法能给合作伙伴呈现一个货物在全球流动的清晰图景，为中国合作伙伴提供了一个在创造性解决 21 世纪海运问题方面进行投资的重大机会。如果使用 Windward 海上数据分析，中国投资者可以获得对货物流动的宏观图景，在增加物流系统协同作用的同时减少风险。

实现丝路沿线各国从农业生产管理、物资长途运输以及各种风险评估的大数据分析对于推进陆上"丝绸之路经济带"建设具有重要意义。以色列"大数据"创新企业可以提供实际的解决方案，满足中国数据分析的需要。目前以色列开发的大数据技术可以让用户更好地了解运输、追踪和基础设施支持体系等方面影响全球市场的因素，帮助减少投资风险。大数据分析可以减少中国在"一带一路"实施过程中出现的复杂问题，从灌溉解决方案到安全管理，以及处理长期运输互联问题的方式等。

中国在"一带一路"沿线国家的基础设施投资涉及从中亚基础设施建设到东地中海的物流和运输等各种不同的项目，会产生巨大的输入数据。中国需要建立一个现代化的数字界面，保护和分析其在亚洲和全球的大规模基础设施投资。在实施过程中，需要制定一个能够提供实时分析和评估综合安全方案的体系。ThetaRay 公司能够很好地满足中国在这方面的需求。以色列创新公司的大数据从技术与现有的基础设施项目中来，这将会大大降低项目的成本和风险，助推"一带一路"建设。"一带一路"沿线很多国家和地区人口稀少，通过大数据技术可以实现管理的简化，通过远程数据分析能够帮助提高运输效率，降低人力资源成本通过访问农业传感器进行分析，处理器和生产者可以根据地面蔬菜生长情况实时地调整生长环境和市场价格。把农业产品、交通枢纽和产品的运输联系在一起，大数据提供了让所有这些系统一起进行分析和评估的界面。通过使用特殊的算法或体系方法，更容易管理庞大的信息。以色列的大数据创新企业拥有先进的技术，可以实现"一带一路"在亚洲和其他具有战略意义地区的发展和整合。[①] 将以色列的大数据尖端科技与中国日渐增多的海上和陆上交通结合起来，定会带来双赢合作。

（三）以色列在医疗领域的技术优势

以色列医疗科技也居于世界先进水平，人均拥有医生数量居世界第一位。以色列的一些医疗技术像核医疗成像、电脑 X 线分层照相、核磁共振以及乳房 X 照相等技术居于世界前列。目前，以色列是世界上第二大医疗器械供应国和最重要的医疗器械创新大国。2011 年，以色列的医疗器械专利数量居世界第七位，人均数量居全球第一位。众多世界著名医疗器械制造商如通用电气、西门子、飞利浦和强生等都在以色列设立研发中心。[②]

2016 年，以色列的"应急反应网络平台"被世界卫生组织评定为灾难援助全球领先者。为了表彰以色列应急医疗的准备工作，世界卫生组织最近把以色列国防军医疗部队认定为"三级+"水平，属于世界最高

[①] 魏凯丽：《以色列的大数据技术和"一带一路"建设》，SIGNAL，2016 年 7 月 13 日。
[②] 李威：《以色列科技创新的成功经验与启示》，《决策咨询》，2012 年第 5 期，第 15 页。

第四章　科技创新篇

水平。

自然灾害和人道主义危机是当代社会面临的重要挑战。这些挑战经常需要国际合作去应对。世界卫生组织为此创立了"应急响应框架"（ERF），界定了流程规则，详细指出了能够防止进一步生命损失所需的要求和经验。而以色列在此领域走在世界的前列。

从2001—2010年，全球每年平均发生700多起自然灾害和紧急情况，约2.7亿人受影响，每年13万人因此死亡。25%的紧急事件、44%的死亡人数都发生在应对紧急情况能力有限的发展中国家。为了减少人道主义损失和防止因自然灾害引发的疾病扩散，以色列国防军的医疗部队为战场应急医疗响应专门分配了大量的人力和物力资源。以色列国防军医疗团队践行着以色列的创新精神，持续展示出在最极端灾难恢复区的国际最佳实践经验。以色列在国际医疗响应方面一直遥遥领先，是唯一被认定为"三级+"的国家，是世界最顶级的医疗响应团队。在获得最高级应急响应框架殊荣之后，以色列在全球受灾地区越来越活跃，其医疗团队得以在实践中做出最快反应。

按照应急响应框架，拥有至少40张床位且每天可以处理15—30台手术的战地医院可评为三级，三级战地医院还应该提供康复等其他服务。以色列的战地医院则远远超过这些标准：普通三级战地医院要有40张病床，以色列有86张；普通三级医院要有2间手术室，以色列有4间。以色列是应急医疗救援的国际领导者，也是应急医疗响应方面塑造未来实践和相应程序的典范。

但是，以色列在应急医疗领域的技术和创新也有不少的限制因素。以色列国土狭小，难以在更大的空间内得到进一步的发展。技术创新和推广需要更大的市场平台，通过市场来检验技术、完善技术。中国在这方面有着广大的市场。中国国土辽阔、地形复杂，各种自然灾害和紧急突发事件发生率高。在"一带一路"建设过程中，中国需要更加坚定地做负责任大国，积极参与应对沿线各国的各种自然灾害和突发紧急情况。

因此，中国对于世界范围内的先进应急医疗技术有着强烈的需求，

并希望通过国际合作提升本国的应急医疗技术。以色列的应急医疗先进技术和创新理念

能够为中国应对"一带一路"沿线国家的紧急突发事件提供帮助。①

(四)以色列在军工产业中的技术优势

以色列是世界上的军事强国,拥有世界先进水平的军事科技。1967年"六·五"战争以前,以色列的武器主要从欧美西方国家进口。战后,以色列从国外进口武器装备受到限制,开始使用本国技术对外国武器进行改造,另一方面加大本国的军事科技研发工作。今天,以色列已经成为除少数大国之外军事装备国产化最成功的国家。以色列的武器长期出口海外,贸易对象超过 70 个国家和地区,成为世界上重要的武器出口国。②

以色列空间和航空航天技术的发展也与国防密切相关,但是,以色列也注重该领域技术的创新和民用化。现在,以色列也成为世界上在该领域居于先进水平的国家之一。1968 年,以色列成功把实验卫星"地平线 1 号"送入太空轨道。1988 年,以色列航空工业公司与以色列空间机构合作,生产和发射第一颗国产卫星。1995 年,以色列在空间科学领域取得重大突破,成功发射其自主研发的"地平线 3 号"卫星,标志着该国的空间技术进入实用阶段。以色列还在这一年成功地试飞了第一架民用飞机、无人机和米格 BIS 战斗机。该机不少先进设备由本国自主研发完成。以色列还完成了性能优于"爱国者"的新一代箭式反弹道导弹的拦截试验。

以色列航天局还推出多年用于军事侦察和商用的人造卫星计划。自从 1988 年 9 月 19 日发射 Ofeq-1 卫星以来,以色列科学家和军事工程

---

① 魏凯丽:《以色列的应急医疗——全球趋势的引导者》,SIGNAL,2016 年 12 月 19 日。
② 张倩红:《以色列史》,人民出版社 2014 年版,第 388 页。

第四章 科技创新篇

师们就一直处于卫星创新和空间科学开发的最前列。为了安全地提供从农业和计量信息到实时安全和军事应用的大量数据，以色列的设计者们为不断发展的技术解决方案创造了各种灵活形式的设备。通过 Ofeq 项目（目前的版本为 11）的扩展开发，以色列科学家开创出了低成本的发射方法和先进的微化技术。因为以色列航天局的成功，以色列已作为空间创新中心而享誉全球。

为了更好地发展以色列的科学能力，以色列航天局与许多著名国际航天机构一起开展了科学合作，推动战略资源的务实利用，与其他国际空间机构建立了牢固的工作关系，受益良多。以色列技术通过与美国宇航局和欧洲太空总署的合作不断被送入太空，这生成了具有极大影响力的数据，使对国际消费者有利的民用交叉应用也成为可能。此外，复杂的科学合作中产生的牢固专业关系也促进了其他项目之间的多样化合作。

以色列 NSL 卫星中的 ORBIT 通信系统和 EXO 技术在空间科学应用中处于遥遥领先的地位。NSL 卫星拥有小型卫星的尖端通信系统，以专业化手段为多样化的安全和环境应用打造了多种平台。NSL 受专利保护的可扩展天线在卫星发射期间被折叠储藏在卫星内部，因此不需要承受启动负载和尺寸的限制。NSL 卫星的大孔径扩展天线可比传统天线多提供 500 倍的带宽。这种技术能够让天线在发射时收起，发射后伸出，节省质量、体积和支撑结构。

通过推进高带宽和小尺寸的卫星技术，NSL 为全球成像需求提供了性价比更高的解决方案。在"一带一路"方面，NSL 卫星技术可用于监测建筑、天气模式和环境恶化情况。由于价格低、多样化科学与安全运用的潜力大，中国的合作伙伴可以用最小的投资获得巨大的资源回报。

ORBIT 通信系统制造和设计了海陆空应用的多种通信设备和解决方案，在全球范围内提供创新海事卫星通讯解决方案、地球观测和高精度遥感地面站点追踪 LEO 和 MEO 卫星、跟踪导弹发射遥感系统和机载平台以及通信管理解决方案。

ORBIT 精密的 GPS 可实时监控在全世界流动的货物和服务。如今，中国正在考虑重建海上丝绸之路，先进的 GPS 系统可以提供在全球市场上穿行的货物的所有数据。通过智能系统和创新 GPS 技术，中国得以降低运输中的风险和消费者成本，从而带来双赢合作。结合以色列的这种创新解决方案，中国的投资者们可以获益于经实践证明且早已推动全球市场发展的以色列研发技术。

EXO 技术通过市场上的 GPS 设备生成平台，专注于制造机动车高精度 GPS。这些系统可即时给出数据，精准度能够达到厘米级。其跨硬件平台和 PICO 也让无缝集成和无限范围成为可能。这种系统通过网络向全世界的接收者发送修正信息，从而传递更准确的位置信息，无需个人或商业运行基站。从 GPS 到通信和军用系统，PICO 在地球上和太空中均有广泛的应用。以色列卫星技术的发展带来的是生产成本的下降和数据输出能力的增长。

中国政府重视空间和航空航天技术。2016 年，中国发布《2016 年中国航天白皮书》。中国认为空间技术的进步是"满足经济、科学和技术发展、国家安全及社会进步要求"的精髓。中国视空间技术为"自主创新解决方案"和满足日益增长的国内需求的催化剂。中国需要广泛开展国际合作以实现白皮书的目标。

以色列的空间技术市场将为不断增长的中国工业提供重要帮助。以色列成熟的空间技术产品如卫星和传感器如果能够为中国使用，将有助于中国解决空间创新方面的挑战。

对中国来说，获取和发展以色列设计的科学和空间技术能让中国的空间项目获得重大突破。通过整合以色列卫星和传感器技术，中国将在地质、环境和安全等方面获得更为全面的提高。

对以色列来说，与中国伙伴进行广泛的科学合作前景十分诱人。通过更紧密的合作，以色列产品和科学发现将在以色列和中国专家之间建立起紧密的合作桥梁。通过为中国提供所需的技术资源以助其实现空间目标，以色列科学界一方面将成为中国的重要伙伴，另一方面又能获得

第四章 科技创新篇

这一过程所带来的经济效益。① 空间和航空航天领域的创新合作将是两国极具合作潜力和空间的领域。

值得注意的是在以色列军工产业中,由军队主导的研究和开发并带来重大民用红利的情况在以色列很常见。以无人机系统为例,以色列的特殊地形需要强大的军事和战术方面的支持,这也使以色列成为无人机系统的全球引导者。从20世纪70年代早期开始,以色列就在全球无人机技术发展中遥遥领先。以色列无人机技术最初集中在军事应用中,随后迅速跨越到众多领域,包括农业和国内安全等。在开发无人机军事技术中,以色列工程师们创建了带有多用途平台的无人机。设计者们建造的无人机系统能够承载众多光学传感器,用于各种军事和非军事用途。以色列国防机构的长期投资使以色列生产的无人机系统可为安全和农业应用提供便宜且有丰富数据的解决方案。2013年,以色列城市航空公司推出一款能够垂直起降并且能够在障碍物之间自如飞行的"空中骡子"(Air Mule)无人机。②

以色列无人机技术的成熟与其无人机长期经受战争特殊环境的考验存在密切关联。在全球战场上,以色列制造的无人机可以采集到从部队活动到地面和地形信息的实时状况。在完善以提供战略认知为目的的精密设备方面,以色列设计者们为整个交战范围设立了方法、操作系统、载荷和传感器。在"一带一路"倡议的项目上,无人机技术能够在"一带一路"沿线不稳定地区提供低成本的战略数据,降低风险和伤亡代价。通过利用以色列成熟的无人机系统技术,中国的合作伙伴可以看到一个综合的,与美、英、法等国无人机系统处于同等水平的战场图像。本质上,以色列生产的无人机系统可为潜在的中国伙伴提升低成本的安全和数据兼容,并把风险控制到最低。

以色列的无人机技术对中国等伙伴国家来说有两个明显的应用。中

---

① 魏凯丽:《以色列、航天技术和"一带一路"倡议》,SIGNAL,2017年2月16日。
② 雷钰、黄民兴等编著:《列国志·以色列》,社会科学文献出版社2015年版,第233—234页。

国第十三个五年计划中描述称农业需求增加,以色列设计的无人机技术能够帮助中国农民满足这个需求:以色列的工程师和开发人员在这一方面取得了显著的进展,农业无人机应用现在很容易就可以在开放市场上被买到。

在有高安全风险的领域,如"中巴经济走廊",无人机系统能够在空中采集图像,且可以在北京或其他地方进行不间断的监控。除了传统安全评估所需要的高成本和人力资本,以色列开发的无人机系统解决方案还能够满足"一带一路"沿线不同地区和项目不断变化的安全需求。

以色列制造的无人机系统早已用于世界各地的战场,帮助减少全球恐怖活动和增进地区安全。如果能被应用到"一带一路"实施过程中的大型项目和敌对环境中,以色列的无人机系统就能够帮助防止重大人员伤亡。此外,随着安全环境改善,投资风险降低,"一带一路"沿线的中国商品和服务的经济环境将更加稳定。

随着中国通过现代丝绸之路向国际社会发展,以色列的技术肯定能为在"一带一路"发展过程中出现的许多问题提供简单和低成本的解决方案。在安全和风险管理领域,以色列建造和设计的无人机系统可提供综合的数据修复系统。这些无人机系统操作简单,技术先进,经过了战争检验。①

此外,以色列是世界上电子技术高度发达的国家。电子工业已经成为以色列的龙头工业,成为以色列重要的创汇企业。1980—1994年,以色列工业品出口增长额的29.3%来自电子工业。其中的微电子业发展最具成就。英特尔、摩托罗拉、索尼、松下、诺基亚等国际知名企业都采用以色列的电子元件。以色列的电子通信、电光学、航空电子、电信开发、国际互联网应用、电脑印刷等领域都在世界上居于领先水平。以色列奥博技术公司生产的微型集成块与平面板的自动检测设备世界市场占有率达到80%,西泰克斯公司产生的国际电脑印刷系统在世界市场占有

---

① 魏凯丽:《以色列无人机系统和"一带一路"》,SIGNAL,2017年1月19日。

第四章 科技创新篇

率超过50%。以色列在数据网络领域的世界占有率达到约30%。[1]

1995年,耶路撒冷希伯来大学成功研制出具有28个结点的并行计算机。以色列的软件产品涵盖通信、军事、工业控制、文化教育等各个方面。以色列在电脑辅助方面走向世界前列。泰克诺马提克斯公司生产的罗伯凯德程序工具能够自动上漆、钻孔、激光切割和点焊。丘比塔尔公司开发的"坚固5600"系统能将电脑生成的图像转换成真实的三维模型。2011年,内盖夫本·古里安大学科学家成功研发一种能通过思维控制计算机的装置,可以帮助无法使用鼠标和键盘的残疾人使用计算机。2012年,以色列理工学院与美国加州斯克里普斯研究院共同开发出一款生物计算机,可用于破译存储在DNA芯片中的加密图像。以色列科学家在此基础上研制出新的生物计算机传感器。该机在接受DNA或酶等生物分子信息后经过一系列处理能输出生物分子。

以色列在图像、数据、声音数字化处理、传播和放大方面的电子通信技术方面也居世界先进水平。吉拉特卫星网络公司是仅次于美国休斯公司的世界第二大生产极小口径终端通信系统的企业。中国单向极小口径终端通信系统的第一供应商就是该公司。[2]

以色列还是世界上最主要的电子产品输出国之一。闪存盘、网络聊天软件、触摸屏等常用的高科技产品都出自以色列。以色列电子工业部门长期以10%的速度保持稳步增长。1992年,以色列电子产品销售额达到约40亿美元,其中出口6亿美元。1994年,以色列的电子产品出口额达到32.6亿美元,占到非钻石类产品出口额的28.7%。[3]

以色列的计算机和软件开发也居于世界领先水平,海法被称为"中东硅谷"。微软、英特尔和摩托罗拉等企业都在此建立研发中心。以色列研制出世界上最早的五接头视频数字构件、第一个浮点单芯片矢量信

---

[1] 张倩红:《以色列史》,人民出版社2014年版,第389页。
[2] 雷钰、黄民兴等编著:《列国志·以色列》,社会科学文献出版社2015年版,第234页。
[3] 同上书,第233页。

号处理器、Windows 系统、多能奔腾处理器、个人计算机上的数字处理器等。以色列已成为互联网超级大国，在网络安全、环球网视像传输以及互联网络电话方面走在世界领先位置。以色列还是世界上少数的能够使普通电信网络达到 100% 数字化程度的国家之一。① 以色列的 3D 打印技术在世界上也处于领先地位。Utilight 公司专门从事激光打印，其图像转印技术应用 3D 激光印刷技术，使印刷系统规则得到改变，提高太阳能电池的生产效率。②

尽管以色列在能源、计算机网络、医疗和军工产业等四个科技领域处于优势地位，但以色列的科技创新也存在明显的限制因素。这些限制因素表现在国内市场的狭小、地区合作的缺失和科研经费的短缺。

首先，国内市场狭小。以色列是一个科技强国，但也是一个领土和人口小国。国内市场的狭小限制了以色列通过内需提升发展水平的能力。其次，地区经济合作的不足。因为各国历史和现实的原因，以色列与周边的阿拉伯伊斯兰国家之间普遍关系不好，甚至处于敌对状态，这就造成以色列很难开展有效的地区合作，难以充分利用地区国家的资金和市场进一步提升本国的创新能力，利用本国的科技优势进一步提升本国的发展水平。最后，以色列的科技创新经常出现经费不足的问题。1995 年，以色列工贸部的工业研究和开发预算额为 3.07 亿美元，但是八年多时间经费就用完。③ 当前，以色列科技创新的主体高校的科研经费基本上没有增加，导致研究资金明显短缺，影响到高校的科研创新。

---

① 张倩红：《以色列史》，人民出版社 2014 年版，第 391 页。
② 《13 家以色列企业现场路演，本土企业对接"最强大脑"》，武进新闻网讯，http://www.wj001.com/news/wanxiangwujin/2016 - 12 - 16/1605592.html，上网时间：2017 年 6 月 19 日。
③ 雷钰、黄民兴等编著：《列国志·以色列》，社会科学文献出版社 2015 年版，第 226—228 页。

第四章 科技创新篇

第三节 "一带一路"倡议下中以科技创新合作的实践

中国的"一带一路"倡议得到以色列政治、商业和学术界的广泛响应。2017年3月，内塔尼亚胡访华。在与新华网网友的交谈过程中，他表示："中国的'一带一路'倡议无论哪里需要以色列，以色列都将全力投入。以色列在通信、交通、医疗等诸多领域都拥有丰富而先进的技术。以色列在科技领域的成功得益于文化的兼容性，尽管以色列国土面积很小，还不到中国的百分之一，人口也只有区区800万多，但却蕴藏着巨大的能量。以色列国土面积虽小，但在很多领域都处于全球领先地位。也正是因为国土面积小，以色列各行各业的人们才能这样聚在一起，相互启发，共同产生新想法。我期待，以色列的先进技术能被运用到中国所需要的领域。"①

在2015年11月土耳其安塔利亚举办的二十国峰会第十次峰会上，以色列外交部东北亚司司长哈加伊·沙格利尔在接受中国记者采访时表示"以色列正在从一带一路倡议中获益。……中国对以色列投资正在快速增长，中国今年已成为以色列高科技行业的主要投资来源国之一。"②

两国的科技创新合作也得到中国学界的广泛关注。知名以色列研究专家肖宪教授认为，"作为'一带一路'沿线一个重要的节点国家，以色列的区位独特，社会稳定，经济繁荣，科技发达，对于实施中国的'一带一路'倡议具有难以替代的地缘政治和地缘经济价值，可以

---

① 新华网，2017年3月24日。
② 《财经观察："一带一路"建设为全球经济带来巨大潜力》，人民网，http://world.people.com.cn/n/2015/1116/c157278-27821617.html，上网时间：2017年6月21日。

发挥重要的战略支点作用,是中国宜主动与之加强交往的战略合作伙伴。"①

在2017年3月中国举办的"以色列总理商业创新论坛"上,中国工商业人士普遍认为以色列在信息技术和医药等领域科技创新能力强,而中国制造业正处于快速发展中,资本实力雄厚,必须走出去。以色列的科技创新能力和中国的资本市场有广阔的合作空间。

中国和以色列的创新合作在"一带一路"倡议提出后,快速推进。2013年5月,内塔尼亚胡访华表示愿意加强两国的科技创新合作。2014年5月,刘延东副总理出访以色列并参加艺术类首届创新大会,发表《让中以科技创新合作之花更加绚丽》的文章。

(一) 中以科技创新合作取得的成就

2015年1月,两国签署《中以创新合作三年行动计划(2015—2017)》,并为配合行动计划设立中以创新合作委员会。双方的创新合作主要有中国科学技术交流中心和以色列工业研发中心推动,主要支持在最前端科技领域进行研发的中以两国的公司。② 三年行动计划的内容包括成立中以创新合作中心和中以"7+7"大学研究联合会,启动"中以常州创新园"建设。③

以色列的科技创新能力长期以来已经得到中国各界的一致认可和肯定。2016年1月4—6日,中国国家科技部与以色列经济部在北京联合举办2016年首届"中以创新投资大会"。

2016年12月15日,中国常州举行中国以色列先进制造业技术对接

---

① 肖宪:《"一带一路"视角下的中国与以色列关系》,《西亚非洲》,2016年第2期,第91页。
② 魏凯丽(Carice Witte)著,关媛译:《SIGNAL关注》,第四期。
③ 肖宪:《"一带一路"视角下的中国与以色列关系》,《西亚非洲》,2016年第2期,第97页。

第四章 科技创新篇

会,以方有13家高科技企业参展,并在对接会上发布他们掌握的先进技术。以色列驻华大使馆商务参赞高飞认为此次活动的开展可以使双方都获益,中国企业可以获得创新技术和思维,以色列企业能够获得资本和国际市场,实现互利共赢。[1]

2017年2月,由清华大学自动化系、水利系、生命科学系和核研院等院系师生组成的调研团队到以色列开展以"探索创新创业新思维"为主题的社会调研。清华团队先后参访了以色列名校特拉维夫大学、以色列理工学院。[2]

中国资本也开始大量涌入以色列进行投资。中资在以色列投资的重点是技术创新领域。百度、360、联想等著名中国科技公司先后向以色列科技投资基金注资。2013年5月,中国复兴医药公司收购以色列飞顿激光(Alma Lasers)公司95%的股份。[3]

2014年以来,中国企业到以色列的投资明显增多。中资主要以创办基金投资公司和投资创新企业两种方式进行。这一年,在以投资的中国企业有阿里巴巴、小米、百度、奇虎360、联想和平安。阿里巴巴向以色列二维码创业公司Visualead投资500万美元。小米战略参投以色列手势识别技术公司Pebbles Interfaces。百度对以色列风投基金Carmel Ventures和视频捕捉技术公司Pixellot投资。奇虎360向风投基金Carmel Ventures和Jerusalem Venture Partners、图像识别技术公司Cortica、手势控制技术公司Extreme Reality以及即时通信应用商Glide Talk Ltd投资。联想集团向风投基金Canaan Partners Israel投资约1000万美元。平安创新

---

[1] 《13家以色列企业现场路演,本土企业对接"最强大脑"》,武进新闻网,http://www.wj001.com/news/wanxiangwujin/2016-12-16/1605592.html,上网时间:2017年6月19日。

[2] 《"一带一路"新起点,创新创业新思维——清华师生赴以色列社会实践》,清华大学研究生教育。

[3] 肖宪:《"一带一路"视角下的中国与以色列关系》,《西亚非洲》,2016年第2期,第96页。

投资基金向 IronSource 投资 8500 万美元。① 2015 年，腾讯和人人网向以色列创投基金公司 Singgulariteam 投资，该公司主要投资物联网、机器人和金融科技等领域。2016 年以来，阿里巴巴先后投资 Twiggle、Infinity AR 和 Lumus 创投公司。

同年，深圳光启集团在以色列设立国家创新基金，重点投资识别、机器智能和增强现实等领域的公司。②

中以两国在"特拉维夫—埃拉特高铁项目"是双方科技创新合作的典范。以色列国家北部地中海沿岸和南部红海沿岸被沙漠阻隔，联系不便。以色列政府曾在 20 世纪七八十年代考虑修建连接特拉维夫和埃拉特的铁路，但因资金和技术原因未能实现。中国目前已经成为世界上铁路和高铁技术领先的国家和第一大外汇储备国，需要进一步对外开放。中以两国在高铁领域的合作具备良好的条件和基础。近年来，该项目快速推进。

中以两国在机器人产业上已经形成了很好的合作。以色列的机器人技术世界领先，但是因资金缺少造成产业规模难以扩大。中国有资金优势和市场优势，也有提高本国机器人技术的内在需求。中国企业向以色列的机器人产业投资 2000 万美元。③

2016 年 12 月 15 日，中以两国在常州举办中国—以色列先进制造业（常州）技术对接会，以色列激光印刷、空气净化等领域的 13 家高科技企业参会。中以常州创新园建设顺利推进。园区目前拥有中以合作项目

---

① 《2014 年投资以色列的中国科技巨头》，《以色列时报》，http：//cn.timesofisrael.com/2014%E5%B9%B4%E6%8A%95%E8%B5%84%E4%BB%A5%E8%89%B2%E5%88%97%E7%9A%84%E4%B8%AD%E5%9B%BD%E7%A7%91%E6%8A%80%E5%B7%A8%E5%A4%B4/，上网时间：2017 年 6 月 21 日。

② 《技术+市场：中以创新合作擦出火花》，新浪网，http：//finance.sina.com.cn/roll/2017-03-22/doc-ifycnpvh5270017.shtml，上网时间：2017 年 6 月 23 日。

③ 《管窥以色列镜鉴万众创新》，中国发展门户网，http：//cn.chinagate.cn/news/2016-11/17/content_39723383.htm，上网时间：2017 年 6 月 23 日。

第四章 科技创新篇

50多项，并创建中以创新加速器、中以经济技术合作网络平台等创新平台。[①]

中国不少沿海省份也先后与以色列开展科技合作。2013年10月，山东省科技厅与以色列经济部产业研发中心进行首次科技合作对接。2014年5月，在科技厅支持下，浪潮集团与以色列协科公司签署科技合作协议，确定合作研发基于计算的自助式医疗体检系统。[②] 2014年11月2日，科技厅与以色列经济部首席科学家办公室、产业研发中心在特拉维夫共同举办山东—以色列科技合作对接洽谈会。洽谈会期间，多家山东企业与以色列企业签约，"金正大—利夫纳特"科技研究中心揭牌。[③]

江苏省与以色列的科技创新合作开始已久。2008年，江苏省政府与以色列政府签署《关于民营企业产业研究和开发的双边合作协议》。2011年7月，江苏省党政代表团访问以色列，省政府与以色列签署《中华人民共和国江苏省人民政府与以色列国政府关于产业研究和开发的双边合作协议》。2014年5月，科技厅代表团参加在特拉维夫举办的以色列首届创新大会，来自江苏省的17家企业代表参会。

广东省与以色列的科教合作进展顺利。2013年9月，李嘉诚基金会宣布捐资1.3亿美元给以色列理工学院，帮助其在中国广东汕头创办广东以色列理工学院，以推动中国在工科和生命科学领域的研究创新教育。2015年，广东以色列理工学院正式启动，以色列前总统佩雷斯、广东省委书记胡春华、李嘉诚等出席启动仪式。

[①] 《13家以色列企业现场路演，本土企业对接"最强大脑"》，武进新闻网，http://www.wj001.com/news/wanxiangwujin/2016-12-16/1605592.html，上网时间：2017年6月24日。
[②] 《积极开展与以色列科技合作》，《创新科技》，2014年第5期，第64页。
[③] 《山东—以色列科技合作对接洽谈会举行》，人民网，http://scitech.people.com.cn/n/2014/1104/c1057-25966882.html，上网时间：2017年6月24日。

(二) 中以科技创新合作面临的挑战

中以科技创新合作可能会面临美国的干扰，特别是和军工领域相关的高科技创新合作。在美国的干预下，中以两国的军工科技合作受到冲击。两国建国后在军工科技领域的合作取得重大进展。20世纪90年代初，以色列向中国出售先进的"哈比"无人机。20世纪90年代后期，以方与中方达成向中方出售"费尔康"预警机系统的协议。但在美国的施压下，以方单方面取消协议。2004年，同样在美国的干预下，以色列违背中以两国的"哈比"无人机销售合同，拒绝为无人机提供技术升级。中以科技创新合作可能会受到中阿关系、中国与伊朗关系以及巴勒斯坦问题的影响。

但是，中以两国在"一带一路"倡议背景下的科技创新合作前景仍被看好。

首先，中以两国彼此需要对方，两国可以互通有无，互利共赢。以色列是中东地区五大强国（埃及、土耳其、以色列、伊朗和沙特阿拉伯）之一，政治稳定，经济发达，科教先进，有明显的人才优势。但是缺少资金，在某些技术领域不足。而中国是世界最大的发展中国家，经济社会高速发展，但是科技创新能力有待进一步提升，产业升级需要更有力的科技创新做支撑。中国经济也需要进一步"走出去"。政治上，以色列不会因为意识形态和政治制度不同批评中国，愿意和中国开展各领域合作。中以两国都重视创新，看重创新对国家发展的重要作用。中国在实施创新驱动发展战略，而以色列是创新的国度，在创新领域具有明显优势，创新能力在世界上名列前茅，在创新、研发领域具有全球公认的领先地位。创新合作是"一带一路"建设中两国合作的核心领域之一。

其次，中以两国合作有较好的民意基础。历史上，中国从来没有发生过反犹排犹运动。二战期间，中国成为犹太人的避难港湾。中国社会

第四章 科技创新篇

各界对于犹太人的成就总体上很欣赏。

最后,中以关系受第三方的影响和干扰降低。以色列在保持与美国关系的同时,加快向东看。中以两国的政治互信在增多。中国在中东涉及以色列问题上的立场和做法得到以色列的理解。高科技是以色列的核心竞争力。科技先进的以色列和正在如火如荼地开展双创的中国未来的科技创新合作将会更加深入,取得丰硕的成果。

第五章

农业优势篇

农业优势是以色列的第二大特色标签。农业是国民经济的基础，是国家发展的重要保证。自1948年建国以来，以色列历届政府都高度重视农业的发展，其先进的农业技术也已享誉世界。在政府的大力支持下，随着农业技术的不断创新，以色列以占不到5%的农民养活了整个国家。不仅实现了国家的粮食自给，还向欧美市场大量出口，素有"欧洲的菜篮子"之称，其凭借科技创新而实现的农业现代化成就也被世人称为"沙漠奇迹"。

第一节 以色列农业发展概述

（一）农业发展的自然禀赋

自然环境既是一国所具有的先天因素，也是农业发展的重要基础。以色列地处亚洲西部、地中海东南部，北邻黎巴嫩、东接叙利亚和约旦、西南部与埃及毗邻，是亚、欧、非三大洲的结合处；但面积狭小，地形和气候多样，形成了发展农业的先天性制约因素，具体表现为以下两个方面：

第五章　农业优势篇

其一，耕地面积不足。以色列国土面积约 2.5 万平方千米，其中南北呈狭长状分布，全长约 470 千米，东西宽只有 135 千米。尽管国土面积并不大，但以色列全境却可分为地中海沿海平原、中部丘陵、约旦河谷和南部沙漠四个区域，其中占地面积最大的就是南部沙漠地区，达 1.2 万平方千米，约占国土面积的一半。但该区域沙漠广布，地势平缓，不仅没有良好的耕地资源，而且也缺少水源补给。而拥有肥沃土壤的沿海平原地区，却是一条狭长的地带，耕地面积并不集中。仅从自然因素的角度来看，耕地面积稀缺且土壤贫瘠并不利于以色列农业发展。

其二，水资源短缺。以色列并不是一个水源充足的国家，主要表现在降水稀少和分布不均两个方面。首先，在地形和气候双重影响下，以色列缺少地表水和地下水的补给，约旦河和加利利湖是其主要的淡水来源，而农业生产全依靠降水灌溉。此外，以色列有限的地下水既埋藏过深又不能直接利用，更不利于缓解水资源短缺的现状。其次，降水在时间与空间上分布不均也加重了水源的匮乏。由于以色列每个自然区域拥有不同的地形地貌，便造就了四个地区在气候上的极大差异。沿海平原地区夏季炎热潮湿，冬季温暖多雨；中部丘陵地区夏季干爽温暖，冬季多雨；约旦河谷地区夏季炎热干燥，气温最高可达 40 度，冬季气候宜人，谷内终年降水量极少；而南部沙漠地区却终年少雨干旱，昼夜温差大。整体来看，以色列气候温暖，雨季从每年的 11 月到第二年的 3 月，其余时间为旱季，但旱季恰是最有利于植物生长的季节，而受降水稀少的影响，不能与气温、光照形成最佳的气候组合，影响作物生长。从空间来看，降雨量分布并不均衡，由北向南递减，北部为 700—800 毫米，中部平原 400—600 毫米，而南部却只有 20 毫米。[①]

尽管自然环境不佳，但并未束缚以色列农业的发展，随着科技创新水平的不断提高，以色列农业发展早已摆脱了自然约束力。

[①] 雷钰、黄民兴等编著：《列国志·以色列》，社会科学文献出版社 2015 年版，第 3 页。

(二) 以色列农业发展历程

建国之初,以色列政府就高度重视农业发展,在建国60多年的过程中,农业不断取得显著成就,其先进的技术也早已闻名于世。从以色列农业60多年的发展历程来看,大致可以分为以下三个阶段:

第一阶段:内向粗放型农业发展阶段。以色列建国之初,国内百废待兴,面对不利的自然因素和大量涌入的移民,政府不顾军事开支的沉重负担,仍满足农业发展所需资金,制定了优先发展农业的经济方针,确定了内向粗放型的农业发展政策。所谓内向粗放型农业是指以解决国内粮食需求为首要目标,不断加大对农业人力、物力和财力的投入。在农业发展的第一个阶段,以色列农业得以快速起步,在国家政策的支持下,水源得到了高效的使用,越来越多的荒漠被改造成农田,1953年,国内耕地面积已达350万杜纳姆①,比建国初期增加了一倍多。此外,粮食产量也大幅提高,妥善解决了移民的温饱问题,到1965年,以色列已基本实现粮食自给自足。

第二阶段:滴灌技术助推农业步入快速发展阶段。随着农业的快速发展,多数有价值的农业用地被开发殆尽,水资源也未能及时给予充足供应。在这种情况下,政府开始重视科技的作用,逐渐加大对科学技术的投入。特别是在20世纪60年代中期,滴灌技术开始被运用到以色列农业生产中,既有效解决了农业用水问题,又提高了粮食产量。

第三阶段:农业现代化发展阶段。20世纪60年代中期以后,内向粗放型农业发展模式已不再能适应以色列国内的发展,以色列政府开始转变农业发展方式,向集约化农业道路迈进。同时,国家也对农业生产结构做出了调整,加大能创造高收益的果蔬等经济作物的种植,削减粮食作物的种植面积。到20世纪70年代末,以色列改变了传统的农业发

---

① 1杜纳姆约等于1.4亩。

第五章　农业优势篇

展模式，农业现代化蓬勃发展。在现代化农业发展的环境下，以色列的农产品出口量也越来越大，为国家创造的收益也逐渐上升。果蔬等时鲜品出口由1968年的1.13亿美元增长到1977年的3.72亿美元，加工农产品出口由1966年的0.36亿美元上升到1977年的1.277亿美元。① 目前，走出去的外向型农业已是以色列农业发展的一大特色，出口的农产品更加深受国际市场的青睐。

（三）以色列的农业构成

以色列农业主要由种植业和畜牧业两部分构成，两者发展相对均衡，都为以色列农业带来了巨大的收益。以色列种植业主要由大田作物和园艺作物组成，其中大田作物包括小麦、大麦等粮食作物和玉米、棉花等经济作物，而园艺作物则主要以果蔬和花卉为主，由于后者属于高附加值作物，能创造更多收益，因而在种植业中所占的比重也较高。1995年水果、蔬菜和花卉总出口额达10亿美元，2014年增至19.8亿美元，占以色列当年农产品出口额的74%以上。

水果生产在以色列农业发展中也占据重要的地位，位于以色列农业出口产品的首位。2014年水果出口额达9.6亿美元，占果蔬和花卉出口总值的51.34%，占农产品出口总额的38.4%。以色列气候的多样性使其能够产出从温带到热带多种类的水果，如苹果、柑橘、香蕉、桃、杏等。这些成功生产的水果多数都可以达到最高产量，如苹果90吨/公顷、香蕉100吨/公顷、李子50吨/公顷、桃子和油桃70吨/公顷。② 除产量之外，以色列水果也具有很高的品质，果实饱满，甘甜可口。同时，为了更好地迎合市场需求，保持以色列水果在欧美市场的竞争力，以色列运用各种先进技术，生产新的水果品种，并延长水果供应时间，畅销国

---

① 张倩红：《以色列史》，人民出版社2014年版，第402页。
② 唐珂主编：《以色列农业》，中国农业出版社2015年版，第25页。

际市场。

蔬菜也是以色列主要的农产品，其产量占以色列农产品总量的21%左右，除了满足国内需求外，多数新鲜蔬菜还出口到欧美国家用于罐头加工。为了满足市场需求，以色列蔬菜种植业不断调整作物耕种，适时安排作物销售。此外，随着以色列温室技术和无土栽培技术的发展与运用，蔬菜种植逐渐摆脱不利自然因素的束缚，反季节蔬菜的产量也不断提高。并且受益于先进技术，蔬菜品质很高，达到国际最高标准，深受欧洲市场的青睐，大量的出口也为蔬菜种植户创造了很好的收益。

花卉出口在以色列农产品出口中也占有一定比例，受自然环境的影响，以色列可以种植不同种类的花卉。如在北部戈兰高地种植山龙眼科的来卡木、南部半干旱地区种百合和补血草等、中部平原和丘陵分别种植玫瑰、康乃馨和海桐、一叶兰等。[1] 此外，在先进农业技术的帮助下，以色列反季节鲜花也生长旺盛，品质极佳，促使鲜花成为以色列农产品出口创收的又一来源。

畜牧业作为以色列农业的又一个重要组成部分，主要包括养牛业、养羊业和家禽业，其中养牛业和养羊业负责提供肉、奶以及乳制品，家禽业负责提供肉和蛋等。在养牛业中，牛奶的产值要高于牛肉，为确保牛奶的新鲜，以色列对奶牛的生活起居进行了无微不至的照顾。以色列将计算机系统运用到奶牛管理当中，每头奶牛的详细信息都会呈现在奶牛管理系统中，一旦奶牛出现疾病，牛脖子上的监控仪就会将信息传达到电脑上，使问题可以及时得到解决。除健康问题外，奶牛的饮食和生活环境也都是自动化管理。在奶牛场，奶牛的饮食和粪便的清理都有专门的设备，如饲料的分量、粪便的再利用等都有一体化的管理系统。同时，奶牛舍的搭建也十分合理，高大且不封闭，即便在炎热的季节，牛舍也不闷热，并且还配有降温设施。精心的照料不仅使牛奶质量佳，而且产奶量也很高，单头奶牛的日产奶量达40升，平均年产奶量为1.2万

---

[1] 雷钰、黄民兴等编著：《列国志·以色列》，社会科学文献出版社2015年版，第110页。

第五章 农业优势篇

升,位居世界首位。[1]

以色列养羊业通过运用先进技术也取得了较快的发展。专家运用育种技术培育出绵羊和山羊新品种,其中经阿瓦西羊和弗里斯羊杂交而成的阿萨夫绵羊,既具有较高的生育率,又能提供优质的肉和奶,同样经过杂交的阿瓦西羊还可以在干旱、半干旱等气候下生存。而从欧洲引进的沙能公山羊和以色列当地的马姆伯羊杂交后的山羊也有很高的产奶量。[2]

家禽业在以色列也很发达,其饲养的家禽包括鸡、火鸡、鹅和鸵鸟等。同养牛业一样,家禽业也全部采用自动化的管理模式,鸡舍的搭建也十分合理,其内部气温的调解、鸡饲料和用水的供给以及鸡蛋的拾取等都由计算机控制,减少了人力资源的投入。在这种自动化的养殖模式下,饲养的鸡品质好,能产更多的肉和蛋。以一年生产6个周期计算,每平方米鸡舍可出鸡肉195千克,一只蛋鸡一年能产280个鸡蛋。[3]

除种植业和畜牧业两个主要部门外,以色列农业还包括渔业和林业,其中渔业主要包括淡水养殖和海水养殖。由于以色列属于半干旱国家,降水稀少,农民发展淡水养殖只能通过修建水库,用冬季收集的水资源补充夏季时节的鱼塘用水,因此淡水养殖也常被称为水库养鱼;海水养殖则主要在海滨挖鱼塘,通过海水和鱼塘的水循环进行养殖,有时也被称为池塘养殖。而林业在以色列也有很好的规划,各地方林业局在国家林业发展总方针的指导下制定地方林业的整体发展规划。总体来看,以色列农业发展各部门都能根据每个行业所具有的独特性,研发先进的设备,合理利用各种先进技术,共同推动农业快速发展。

---

[1] 雷钰、黄民兴等编著:《列国志·以色列》,社会科学文献出版社2015年版,第111页。
[2] 霍金鹏:《以色列缔造的农业奇迹》,《中国经济报告》,2016年第12期,第117页。
[3] 雷钰、黄民兴等编著:《列国志·以色列》,社会科学文献出版社2015年版,第111页。

第二节 现代化的以色列农业

在以色列建国之初，国家就十分重视农业发展，不仅给予了大量的资金支持，也将更多先进的技术应用到农业生产，促使以色列摆脱了恶劣的自然约束力，创造了闻名世界的农业奇迹。联合国粮农组织曾多次高度评价了以色列农业所取得的成就，其现代化的农业发展经验也深受多国青睐。

（一）以色列创新型农业

第一，充分利用水资源。以色列是一个建立在贫穷与荒凉基础上的国家，缺乏足够的水资源，但经国家多年的发展，以色列已经成为高效储存、再利用、生产和使用水资源最全面的国家，在水资源领域的技术也领先全球。美国一位成功的企业家赛斯·西格尔在对全球日益严峻的水资源问题进行研究后发现，以色列可以为所有不分大小、贫富的国家提供各种水处理方案，包括提供清洁干净的饮用水和低价提供灌溉用水的方法，以及尖端工业技术，这种方案的规模成本对各个国家都有很大价值。

一方面，从水资源管理经验来看，以色列在保护、创新和合作三方面都取得了很大的成效。但成功的背后也有失败的经验。自1948年建国以来，不同部门之间就有关水的法规和价格方面存在很大的争议，这种现象在2000年后变得愈发严峻，以色列的水资源也越来越稀缺。2006年，以色列议会修改了1959年发布的《国家水利法》，旨在将水资源管理权授予以色列水资源管理局。同时，以色列政府号召公民一起参与水资源的保护，不仅向公民讲述缺水对国家所造成的危害，而且还借助媒体向公民传达全民参与水资源保护的重要性。此外，在小学和初高中举

第五章 农业优势篇

办"我们为何需要节约用水和如何节约用水"的教育活动，使学生认识到节约用水的必要性。这些宣传在以色列国内获得了很好的反响：多数家庭都放弃了真正的草地，用人造草皮取而代之，他们还将花园中季节性花卉植物替换成了更适合半干旱气候的耐旱本土植物；孩子们从学校回到家后，会告知家长不要一直开着水龙头洗碗，如果发现花园浇灌系统中有漏水的水龙头和孔洞，他们还会督促家长及时修理。

此外，政府还在全国范围内号召人们减少两分钟的淋浴时间，水资源管理局的工作人员给每家的淋浴喷头和水龙头上免费安装设备，将空气注入水流中，既节约了1/3的用水，还给人一种水流很大的感觉。为了更好地约束人们浪费水资源的行为，政府将用水管洗车列为非法行为，并规定那些少数能负担得起维护草坪费用的家庭，只允许在晚上浇灌草坪，从而避免因太阳暴晒而引发的蒸发。在这种情况下，以色列水资源管理局将水价提高了40%，而增加的收入则被用于水资源基础设施建设。此外，以色列还在综合的水资源管理项目方面创造了一个社会融入的平台，即水系统主要由政府运营，同时也有一些私人企业参与部分工作。例如，位于以色列中部哈代拉的海水淡化厂就是由民营公司IDE技术公司与政府签订合同后建立并运营的，其生产的淡水全部由以色列政府购买。

另一方面，以色列也将先进的技术应用到水资源的使用。首先，由以色列人西姆哈·布拉斯所发明的滴灌技术早已遍布全球，滴灌技术的先行者耐特菲姆公司自1965年成立之后，逐渐更新其产品，包括喷头、管道、灌溉设施等，其中多数设施配有传感器，可以直接获取作物生长环境的气温和土壤养分等数据，[①] 当前耐特菲姆公司的业务已覆盖了110多个国家。该技术主要是通过细小的管道将水直接送到植物的根部，滴灌技术用微喷头将水喷洒到一个很小的范围，并且侧管上每个滴头的滴水量是一致的，即便是在梯田、陡坡等地势也同样可以使用，既节约用

[①] 唐珂主编：《以色列农业》，中国农业出版社2015年版，第176页。

以色列与"一带一路"：角色与前景

水又防止水分流失。滴灌技术的水分利用率高达 90%—95%，通常比地面灌溉节水 50%—70%，扩大灌溉面积 2—3 倍，也比喷灌节水 15%—20%。① 此外，滴灌技术在给农作物提供水源的同时也为其施肥，经常将液体肥料与灌溉水相融合，使肥料直接进入作物根部，促使肥料利用率高达 70%—85%，比地面施肥高出一倍，节约肥料的同时保护环境，也促使农业产出也增加了 5 倍。② 日本灌溉专家就曾在《科学美国人》杂志上评价说，《圣经》和滴灌是犹太人为世界做出的两大贡献。

其次，以色列在农户中广泛地应用污水回收技术。以色列是世界上唯一以废水再利用为国家重点的国家，早在 1972 年，以色列就制定了"国家污水再利用工程"计划，规定城市的污水至少应回收利用一次。通过先进的技术，以色列 100% 的生活污水和 72% 的城市污水得到了再利用，而被处理过的污水中，有 46% 可以直接用于农田灌溉。③ 这表明以色列的污水回收技术已处于世界的最前沿。以色列政府对污水回收技术的研发与推广，既增加了灌溉水源确保农业用水，又保护水源免受污染。此外，以色列本·古里安大学的雅各布·布劳斯坦荒漠研究所还培育了大量适宜咸水生长的作物，显著改善了废水管理和再利用过程。

最后，以色列还开发并完善了逆渗透海水淡化技术。该技术提供了 25% 以上的以色列总用水需求，以色列的一个海水淡化厂每天就可以生产 62.7 万立方米的淡水。位于以色列最南边的城市埃拉特，其所有的淡水都是通过脱盐海水得到的。世界上最大的海水淡化厂——索利克反渗透海水淡化厂每年预计可生产 400 亿加仑④淡水供以色列使用，而且还有可能惠及邻国。此外，一些科技公司所提供的创新方案解决了城市地下管道渗漏的问题，并使用含水砂层处理等各种技术净化水源。而以色

---

① 雷钰、黄民兴等编著：《列国志·以色列》，社会科学文献出版社 2015 年版，第 104 页。
② 樊六辉：《以色列的现代化高效农业》，《以色列发展报告（2016）》社会科学出版社 2016 版，第 143 页。
③ 唐珂主编：《以色列农业》，中国农业出版社 2015 年版，第 177 页。
④ 1 加仑约等于 0.00378 立方米。

第五章 农业优势篇

列的水处理技术不仅只在国内使用，在撒哈拉以南的非洲国家和拉丁美洲也都得到应用。

如今的以色列早已通过新技术影响了全世界的水生产和水资源保护，这些新技术也带来了与水相关产业的全球化。不仅如此，这些技术还使以色列与多国在互利共赢的框架下培养良好的关系，增加就业机会，提高收入，最重要的是既确保了农业用水，又保证更多人可以饮用新鲜干净的水。

第二，行之有效的农业决策机构。农业决策机构的成员主要来自农业部、农业科研和推广机构和部分农民代表，该机构有权审查和批准国家农业发展规划，而更为重要的是，随着科研创新的不断发展，该机构也更加重视对农业各领域的关注。而不利的自然条件也更强调了农业决策机构对农业生产可持续发展和通过定量分析提高资源利用率的重要性，在其领导下以色列农业在诸多领域都取得了显著的成效。除了上文所提及的节水灌溉之外，还在生物技术研究和温室农业发展等两方面做了突出的贡献。

为实现农业的可持续发展，以色列农业科研人员高度重视发展生物技术，培育高产、优质的品种，在研发过程中，还特别增强了作物在干旱和盐性土壤中的生存能力。此外，为了充分利用有限的自然资源，以色列还严格控制了化肥和农药的使用量，将生物工程技术更多地用于预防和控制植物病害，提高新品种的免疫能力。据统计，以色列已研发出2200多种医用和农用药品，其中有数十种受到了世界卫生组织的高度称赞，高效化肥、低素农药及无毒剂也已在农业中被广泛推广。而通过生物研发，以色列已培育出了杂交洋葱、黑西瓜和蜜生西葫芦等品种，这些新品种深受西方国家的喜爱，以色列每年仅靠种子出口就可获得3000万美元以上的外汇收入。[①]

在温室农业发展方面，以色列国内约有3000公顷的温室，平均每家

---

① 张倩红：《以色列史》，人民出版社2014年版，第396页。

农户拥有的温室面积约 0.3 公顷,且温室种类多样,包括纱网温室、塑料温室和玻璃温室等。① 此外,温室栽培的方式也多样化,为打破土壤和气候的限制,以色列科研人员通过使用盆栽、无土栽培和土壤外栽培等技术建立温室,为农作物提供水源、气温等有利的生长条件。通过温室,以色列农业强化了人为的控制能力,不仅有效地解决了耕地不足的问题,而且通过电脑的控制还提高了农作物生长的信息化水平。

第三,扭转不断扩大的荒漠化。由于以色列土地多是旱地,加之过度放牧、砍伐森林和不可持续的农业发展方式,致使土壤退化和荒漠化问题突出。为了更好地解决大规模环境恶化的问题,以色列学者和农民开创了一项兼顾技术进步和政策目标的综合战略,提出了防治荒漠化和土地退化的持久方案,不仅促使以色列在解决这两个问题上积累了丰富的经验,取得了显著成效,而且也被应用于世界多国。以色列土地利用率的转变很大程度上源于国家对土壤、气候、农业、林业和生态科学的大量投资。以色列通过集中化水资源管理走上了一条农业可持续发展的道路,这很大程度上也是以色列防治荒漠化举措的核心所在。

以色列为应对土地荒漠化所开创的技术主要包括:为防止蒸发而造成水分流失的地下滴灌技术;促进低降雨量地区农林业发展的径流和降雨低洼蓄水池技术。这两项技术不仅解决了水资源的问题,更提高了农业生产效率并有效地扭转了荒漠化带来的不利影响。

土地退化涉及的各方面问题十分复杂,仅技术知识并不足以对其产生持久影响。因此,以色列人把技术与复合型的土地利用与水资源管理措施相结合,也学会了将放牧管理、农业创新、大型水资源管理项目和积极的植树造林计划相结合,更好地遏制了荒漠化。

为了从整体上加强对荒漠化的防治,以色列战略规划部门还制定了一项四级政策,包括发展规划、提高水资源可持续利用率以及制定促进农业可持续发展的政策等。以色列政策制定者着眼大局,把握大势,把

---

① 雷钰、黄民兴等编著:《列国志·以色列》,社会科学文献出版社 2015 年版,第 105 页。

第五章 农业优势篇

发展目标和技术提高结合在一起，开创了有效应对土地退化的可行性办法。

第四，霉变和虫害的有效治理。食品安全对人民的健康生活至关重要，而霉变和害虫是影响粮食收成、威胁食品安全的两个主要因素。为此，以色列通过提高粮食储藏水平和增强生物害虫防治能力等两个措施，确保食品安全。

一家名为粮谷专家（Grain Pro）的公司通过在以色列研发的"粮谷专家公司卵囊"，而在预防谷物损失和防治虫害及霉变方面取得了显著的成功。同许多解决重要全球问题的创新方法一样，以色列食品安全方面取得的成就也是由双重动机推动的：预防谷物损失，同时提供符合犹太洁食标准（反对食用昆虫）的食品。这种共价利益促使公司承担了解决全球食品损失的重要挑战，同时为谷物降解提供新的解决方案。

尽管造成食物降解的因素很多，但主要还是由虫害和霉菌所致。以色列已经学到了最有效的降低食品损失的技术，在"粮谷专家公司卵囊"中，通过除湿和密封产品的方法取得了显著的突破。通过防止外来害虫侵扰谷物，农民的谷物收成和谷物销售量都大幅增加。粮谷专家公司还通过在密封程序前增加一道强力干燥的工序，有效地减少了谷物损失，提供了一个大规模减少谷物生产霉变和虫害损坏的有效办法。

而随着全球粮食需求的增加，防治虫害的不利影响将会逐渐成为各国政府的工作重点。随着日益增长的人口带来的食品需求压力，许多人转而使用有毒化学品来防止食物损失。这种做法虽然可以增加粮食产量，但在农药方面投资所产生的后果就是增加医疗卫生等领域的成本，因为在农药中大剂量的化学品会严重威胁个人的生命健康。为应对这一威胁，BioBee公司投入巨大的资金发展了食肉昆虫技术，用自然方式防止谷物损失。通过20多年的研发，BioBee公司用不含化学品且对环境有利的方式应对全球食品安全问题，有效地形成了能极大地减少虫害不良影响的解决方案。

第五，农业集成系统管理模式。技术的运用对以色列农业的发展显得尤为重要，而粮食需求的增加不仅强化国家对科技发展的重视，同时也促使初创企业为农业资源管理带来创新和务实的解决方案。

FieldIn 是以色列初创企业的一个代表，该企业主要将设备、资源管理与尖端科技和专业知识相结合，用以增加粮食产量。该企业的副总裁伊亚儿·阿米特（Eyal Amit）表示，公司为特殊农作物种植者提供点对点的解决方案，对客户进行全程跟踪，让客户可以更高效地使用农药，减少浪费和喷洒损失。尤其是在大规模的农业生产方面，农户只需用一个简单的操作界面就可以管理农业灌溉、农药喷洒和粮食产量。在集中数据和资源管理系统的应用中，FieldIn 采用协同策略，在增加农作物产量的同时使用最小量的农药和营养素。FieldIn 公司的方法超越了扩大农作物产量的范围，形成了监督和发展各级生产的定制系统。据伊亚儿·阿米特表示，公司已经开发了一个分析商业信息的平台，结合农业生产现场传感器、专有信息和第三方农艺数据，为农业生产提供更精准的作物生长信息，具体来说，就是监控农药项目是如何起作用的。FieldIn 也因创新的综合管理体系而收到了来自以色列首席科学家办公室的资助。

第六，军用技术的应用。早在 20 世纪 70 年代初，以色列的无人机技术就在世界遥遥领先。但最初该技术只是集中应用在军事领域，但随后被用于众多领域，在农业部门的应用就是其中之一。

从军用到民用的转移中，以色列无人机更多地起到了创新传感器的作用，以便及时将地面实际情况反映给农业生产商。此外，无人机系统能够提供实时数据分析、植物颜色、农作物营养情况，细化用水量和管理水源灌溉，以便农业生产者可以快速做出农作物营养分配等决定，可以说，以色列的创新无人机系统技术极大地推动了农业发展。

（二）以色列农业创新的特点

其一，因地制宜。以色列一直被称为"世界新技术中心"，先进的

第五章　农业优势篇

科技被用于农业生产,进而推动以色列发展技术密集型的创新型农业,而农业科技化也已成为以色列经济发展的一大特色。但受自然因素的束缚,以色列农业发展的先天基础并不好,加之外籍犹太移民的迁入,更加剧了粮食供应的紧张。建国之初,以本·古立安为核心的新一届政府便制定了一条优先发展农业的政策,推动农业的全面发展。面对国土面积狭小、水资源短缺和土壤缺乏肥力等恶劣的自然环境,以色列政府加大对科技研发的投入,从实际出发,有针对性地解决农民生产中所面临的棘手问题,用农业新科技使有限的自然资源得到了最大限度的使用。

受益于技术创新,以色列农业取得了突飞猛进的发展,不利的自然因素对农业的影响已微乎其微。1952年,耕地面积已由建国初的160万杜纳姆增加到335万杜纳姆,1953年又增加到350万杜纳姆。[①] 1965年,以色列粮食基本实现自给自足,到20世纪70年代末,以色列农业已摆脱了传统农业模式,实现了农业现代化发展。直到今天,以色列农业不论是产量、效益,还是高科技的研发与运用,都处在世界的最前端,其先进的科技创新也紧贴国家农业发展的现状,使每项技术都能发挥最大的功效。如以色列最出名的滴灌技术,对作物的生长环境、土壤和地形都有极强的适应性,不管外部气候如何改变,滴灌都可以将养分和水源输送到作物的根部。并且在盐碱度较大的内格夫沙漠地区,也是依靠滴灌将荒漠变成了棉花、枣椰等作物种植区,克服了土壤盐碱化的弊端。此外,根据以色列不利的自然条件,还培育出了耐旱的新品种,如被誉为"甜酸类水果种植中的一场革命"的矮杆柑橘,不仅耐旱,需水量比原品种少1/3,而且果实成熟时间也较原品种有所提前,产量显著提高。[②]

以色列农业的创新大都以不利的农业发展环境为出发点,根据不同

---

① State of Israel, Prime Minister's Office, Economic Planning Authority, *Israel Economic Development: Past Progress and Plan for the Future*, Jerusalem, 1968, p. 312, 转引自张倩红:《以色列史》,第392页。

② 宗会来:《以色列发展现代农业的经验》,《世界农业》,2016年第11期,第138页。

的环境创造出新的技术,每项先进的技术都具有一定的针对性:为应对水资源短缺,发明了滴灌技术;为了克服土壤缺乏养分的弊端,创造了无土栽培技术;为使作物获得充足的光照,研发了光热网膜技术等。这种因地制宜的创新方式促使以色列农业摆脱自然环境的束缚,推动技术密集型农业的快速发展。

其二,创新领域广。在以色列,农业创新主要体现在三个方面。首先,科技创新是核心。科学技术是第一生产力,以色列农业取得的成就与科技进步密不可分。伴随科技水平的提高,农业生产等各领域也不断寻求突破,更多的研究成果被转化为现实生产力。除了在世界处于领先地位的滴灌技术外,还有多项技术被运用于农业生产。用计算机推动奶牛业的发展也是以色列农业发展的一大特色。以色列专门开发了一个全国奶牛计算机管理系统,运用数字化的管理模式帮助国内奶牛场的发展,每头奶牛从出生后的第一次免疫接种之日起,就拥有一个唯一的注册登记号,其信息会及时地输入奶牛管理系统内。[①] 并且,通过牛脖子上的监控圈可以每天检测奶牛的健康状况,不断更新相关数据。此外,以色列在温室技术、培育良种、化肥研发和农产品冷藏保鲜等方面也颇有成效。

其次,制度创新是保障。以色列在追求技术进步的同时,也从未停止建立高效创新的发展体系,其中首席科学家制度就是国家创新体系的一大特色。由政府各部门设立首席科学家办公室,并按职能下设各种委员会,分别由各领域专家组成,他们的主要职责就是推动科技发展,提高创新的宏观决策水平。农业作为一个主要的创新部门,其发展也得益于该制度的确立,更多的科学家被聘用,共同致力于农业技术的创新与进步。

最后,组织创新是推动力。科学技术只有在生产中得到运用,为企业或国家创造效益,才能真正体现其应有的价值。为更好地推动科技成

---

① 霍金鹏:《以色列缔造的农业奇迹》,《中国经济报告》,2016年第12期,第116页。

第五章　农业优势篇

果的转化，以色列成立了各种不同的研发机构，帮助科技成果的推广。在农业和农村发展部下属的研发中心，就成立了土壤与水利、田间作物、植物保护与储存、家畜、园艺、收获后技术与农业工程等多个研究所，各所相互协调，共同推动农业科技创新与发展。此外，以色列还设有布劳斯坦沙漠绿化研究所、佐哈尔农业研究所、约旦河谷研究与开发管理局、阿瓦拉谷地水产研究中心，重点应对当地的自然经济条件。[①] 各研究所的设立为农业技术创新提供了一个良好的平台，以便于科研人员从事研发工作。

（三）以色列实现创新型农业的因素

其一，政府的大力扶植。以色列在建国之初，就将农业发展作为国家工作的重心，在国家农业七年规划中便确立了"大力兴农，实现自给自足"的指导方针，以色列历届政府都在政策、财政以及信贷等方面给予农业更多的支持。以财税政策为例，以色列每年都会通过对农业投入补贴等直接方式和对土地进行整改等间接方式，对农业发展提供资助。而在整个20世纪60年代，政府的财政扶持也一直是农业发展的主要资金来源，1961—1964年，政府平均投资占农业总投资的84%，到1968年，该比例增至94%。[②] 为了更好地完善对农业发展的补贴，以色列在1980年出台了《农业投资法》，使得政府对农业的补贴进一步提高。为提高国家机械化水平，以色列政府在2009—2014年共提供6200万美元，对农民购买机械化设备给予价格40%的优惠；而对农业保险和其他意外灾难的补贴，政府负担一半的风险。此外，政府还在粮食仓储和农业科技研发与推广等方面分别给予不同程度的财政补贴，为农业发展提供物质保障。

[①] 唐珂主编：《以色列农业》，中国农业出版社2015年版，第168页。
[②] 张倩红：《以色列史》，人民出版社2014年版，第397页。

以色列政府不仅在资金方面给予农业最大限度的支持，而且对农业发展的稀缺资源也出台政策进行保护，确保农业健康发展。以稀缺的耕地资源为例。在以色列，城市的发展规划要考虑到农业用地，城市功能用地的分配要具有前瞻性，以避免在城市化推进的过程中侵占耕地。此外，政府还针对农业用地制定了严格有效的监管制度。一方面，按政府规定，农业用地不能进行出售，只能租赁或续租。政府根据耕地的价值将其进行等级划分，并以此为基础确定地租，但地租并不是一成不变的，如若受不可抗力等因素的破坏，地租也会随土地等级的变化而不断调整。另一方面，为防止土壤养分的流失，以色列政府对化肥和农药的使用量都有具体的规定，并进行严格的监督，若发现有超标使用的农民，将会处以相应的惩罚。

政府对农业的高度重视和给予的优惠政策为以色列农业现代化的实现创造了条件。也正是由于以色列历届政府对农业的关注，才促使以色列在贫瘠的荒漠上创造了农业奇迹。

其二，积极推动科技兴农。先进的科学技术是促使以色列农业一直处在世界前沿的关键因素。自建国以来，以色列历届政府都将科技兴农作为国家优先发展的项目，为农业发展提供了一切的技术支持。如今，以色列已经形成了一套行之有效的农业科技管理体制，并设置农业科技管理委员会和农业首席科学家办公室等两个主要部门，两者相辅相成，密不可分。其中前者负责为国家农业科技发展制定方针政策，明确农业科学研究的发展方向等，后者主要起桥梁的作用，接收以色列农业科研机构的项目申请，然后将其报给农业科技管理委员会审批，获批后，各项目首席专家将每年向首席科学家办公室做项目汇报，并由农业科技管理委员会做出项目评估。

除了完善的农业科技管理体制外，以色列还形成一套完善的科研体系，建立了由独立的公益性研究机构、大学和公司类社会研究机构组成的全方位的农业科研主体。其中公益性研究机构和大学主要负责基础研究和应用研究，而民间科研机构更侧重于开发性研究。当前，以色列最

第五章　农业优势篇

主要的农业科研机构当属由农业和农村发展部领导的重点从事农业科研活动的农业研究组织，简称 ARO。ARO 下设 7 个专业研究所，1 个园艺观赏系，4 个区域性研究站和 1 个种子基因库，用来研究园艺、大田作物、畜牧、土壤和环境科学、植物保护、贮藏加工和农业工程等方面研究。①

ARO 主要以解决农业生产中存在的问题为主，以国内外农业市场的需求为导向，充分利用以色列有限的自然资源，培育能够适应不同自然环境的新品种，改良耕种方式，帮助农民摆脱不利的自然环境的束缚。此外，以色列一些高等院校也设有农业研究机构。如创立于 1942 年的希伯来大学农学院，有一半以上的老师和研究生都从事农业科研，所研发的先进技术都被用于提高农业生产力水平；世界出名的综合性研究院威斯曼科学研究院，就有 800 名农业研究专家，专心致力于提高以色列科研能力。ARO 和高校农业研究机构作为以色列重要的农业科研基地，通过技术研发将更多潜在的生产力转化成了现实生产力，促使以色列农业科技水平一直处在世界领先地位。

当然，科技的价值在于运用过程中为国家创造价值，在拥有专业研发机构的基础上，以色列还形成了一套农业技术推广机制，使更多先进的技术惠及农业生产。建国之后，以色列成立了农业推广服务机构，隶属于农业和农村发展部，旨在推动农业技术的运用，帮助农民解决工业生产过程中遇到的技术问题。推广服务机构设总部和分部，其中总部主要负责制定技术推广政策、确定发展方向、为地方技术专家的工作提供服务等；而分部主要在地方设推广机构，地方专家会直接深入某一领域进行研究，开展田野调查，掌握最新的资料，和农民当面交流并对他们在生产中出现的问题及时给出建议。这种推广模式结合了矛盾普遍性和特殊性的关系原理，由总部制定统一的政策和方向，地方机构在传播时

---

① 盛立强：《以色列农业科技开发与应用推广服务体系研究》，《合作经济与科技》，2016 年第 8 期，第 5 页。

可结合当地的具体情况，对技术进行调整和完善，然后再将地方经验传递给总部，由特殊到普遍，再由普遍到特殊，从农民中来，再到农民中去，促使农业技术在推广过程中不断被提升。

其三，突出农业组织的作用。以色列农业合作经济在农业发展中占据重要地位，为推动合作经济发展，摆脱自然因素的束缚，以色列形成了基布兹、莫沙夫和莫沙瓦三种合作组织类型，加速推进农业现代化发展。

基布兹是以色列最早成立的农业合作组织，距今已有百年的历史。在建国之初，以色列就已有150个基布兹。基布兹具有集体主义性质，其土地所有权在国家。在基布兹内部，所有财产都是公有的，成员生活的必需品都由组织共同提供，所有成员的地位及拥有的权利一律平等。对于农业的生产计划和发展方向，由成员共同讨论而制定，有超过2/3的人员赞同，决定便可通过。同时，基布兹也给予成员选择的自由，无论加入或退出，都尊重个人意愿。但加入之前要首先提出申请，通过考察期和全体社员同意后，方可加入，同样，由于基布兹是集体劳作，利益均摊，若成员不积极干活，社员也可集体投票，有2/3以上的人员同意，该成员也将被强制开除。

基布兹通过将劳动和效益相结合的运作模式，提升了粮食产量，为农业发展做出了重要贡献，其农业产值占全国农业总产值的40%，产出了全国50%的小麦、55.4%的牛肉和80.4%的棉花。①

而随着基布兹的发展，一些成员认为需要改变这种过于集体主义的发展模式，于是形成了以家庭农场为基础的新型农业合作组织——莫沙夫。与基布兹不同的是，莫沙夫更注重发挥单个家庭的作用，财产归私人所有，家庭农场自主经营，多劳多得。在莫沙夫内部，土地的所有权仍归属国家，每个家庭农场从政府租赁土地，不得买卖，租期49年，到

---

① 王岚、马改菊：《以色列现代农业发展的影响因素、特征及启示》，《世界农业》，2017年第1期，第175页。

第五章 农业优势篇

期后自动续租。在这种经营模式下，家庭的生产积极性要高于基布兹，更有助于提高农业生产效率。

尽管莫沙夫内部的各个家庭自负盈亏，相对独立，但并不意味着莫沙夫是一个松散的农业组织。每个家庭并未独立于集体之外，他们只是独立完成自己的农业生产，而农业生产资料的购买和农产品的仓储、加工和销售等环节都由莫沙夫统一负责，以便更好地发挥合作经济的优势。莫沙夫各成员在发展自家生产的同时，彼此之间也相互帮助，不仅实现个人收益，而且也服从集体利益，对集体财富负责。莫沙夫这种运作模式更符合现代化农业的发展需要，通过各家庭农场的联合形成较大的经济体，与组织外部的市场主体进行交易从而获利。[①] 此外，政府也为莫沙夫的发展保驾护航，不仅提供法律保障，而且也为农民提供优惠的贷款政策。

除了以上两种合作组织外，以色列还有农业劳动者联合组织、农产品销售合作组织等专业合作机构，同样在传统农业向现代农业转变的过程中起到了示范性作用。[②] 同时，以色列还有一种非合作性质的组织——莫沙瓦，其土地和财产都归私人所有。总之，不论是农业合作组织还是非合作组织，在以色列现代化农业发展过程中都发挥了应有的作用，促使以色列农业组织的发展更加多元化。

最后，注重提高农民素养。科技是以色列农业取得重大成就的关键，而科技进步的主要推动力在于人才的培养。为提高农民的整体素质，以色列建国以来，国家始终将人才教育与知识创新作为民族生存和国家发展的重要方向，尤其是在建国初期，农民是所有职业中受教育水平最高的，他们多数都有高中以上文凭，有的还受过专科或大学教育，甚至还有一些在农业领域从事工作的人具有国外留学的经历。1950年，以色列政府就农业部要履行的义务提出了四项规定，其中就包括对农民的教育

[①] 张永升、谷彬、马九杰：《以色列现代农业之路》，《世界农业》，2014年第6期，第66页。

[②] 张倩红：《以色列史》，人民出版社2014年版，第400页。

与培训。

以色列对农业的教育主要涵盖大学农业教育、农民科技教育和农业职业教育三方面。首先，大学农业教育以高校为依托，涉及农业发展的诸多领域，其中，名列世界农学院前茅的希伯来大学农学院就为以色列农业发展培养出众多人才。该学院开设本科生和研究生教学，旨在培养农业领域的科学家，众多优秀的毕业生都积极参与农业发展，将理论转化为实践，用专业知识为以色列创造财富。进入21世纪，在国家开展新一轮教育改革的背景下，希伯来大学农学院积极建设农业科技人才队伍，进一步完善农业科技人才培养机制，全面推进科技素质和农业创新能力教育，强调产学研一体化，既培养高素质的农业人才，又提升农民的整体素养。① 其次，农民科技教育重在借助各农业院校的平台向农民普及先进技术，注重技术运用的时效性。农学院每年开设多层次的校内教学课程，让科学家、教师和农民及时了解农业的最新技术。同时，各农业院校每年还针对不同地区农民的实际情况开设不同类型的课程，不仅帮助农民尽快地将技术运用到农业生产，而且还可以帮助农民解决实际生产中所遇到的各种问题。② 最后，农业职业教育既传授农业知识和技能，又提倡人们积极从事农业活动，是以色列高度发达的全民教育体系的重要组成部分。按以色列教育法的规定，5—16岁的孩子必须接受免费义务教育，而到18岁还未修完国家规定课程的学生要继续学完。而在高中规定的课程中，农业是必修课，意味着以色列每一个公民都必须要学习农业知识。

为了确保农业教育能够顺利进行，一方面，以色列政府通过立法将农业教学纳入义务教学范畴，以法律形式规范农业教育；另一方面，政府将更多资金投入教育领域，确保教学质量，提升更多人的专业知识和

---

① 何志龙：《以色列农业教育对陕西农业发展的启示》，《长安大学学报（社会科学版）》，2014年第2期，第77页。
② 王岚、马改菊：《以色列现代农业发展的影响因素、特征及启示》，《世界农业》，2017年第1期，第176页。

职业技能,为农业发展培养更多的人才。

政府的高度重视、科技的快速发展、合作组织的突出作用和农业人才的培养等因素共同推动了以色列农业现代化的发展,提升了以色列农业的整体创新水平,使以色列农业一直处于世界领先地位。由于以色列农业取得的显著成就,中国政府也一直高度重视与以色列的农业合作,在"一带一路"的背景下,中以两国农业合作将会谱写新的篇章。

第三节 "一带一路"框架下的中以农业合作

在传统的农耕文明时期,农产品贸易和农业对外交流就已是古代海上、陆上丝绸之路的主要内容。在阿拉伯国家普遍面临粮食危机的情况下,以色列作为中东地区的农业强国,其农业所取得的成就早已闻名于世。自中以建交以来,在两国政府的大力支持下,充分发挥各自的优势,深化农业领域的合作,并取得了显著的成效。随着丝路战略的提出,推动建设"一带一路"将为中以农业合作创造出新的机遇。

(一) 中以农业合作进程

中国和以色列在农业领域的合作早在1992年两国建交前就已经启动,尽管大量的农业合作项目是在建交后开始的。自建交以来,在两国政府的大力支持下,双方农业部更加积极地开展合作,并签署了农业部谅解备忘录。1993年10月,为了更好地推动两国农业科学家在科技领域的交流与合作,中以双方在北京联合成立了"中以国际农业培训中心"。与此同时,在中国访问的以色列总理拉宾在同中国总理李鹏会谈中做出了一个重要的决定,即在中国建立一个以色列示范农场,这是两国农业合作的一个最重要的里程碑。该农场于1995年正式启动,以色列先进的农业技术首次在中国展示。此后,更多的以色列公司开始来华开展业务,并将其先进的农业技术引入中国的农业领域。①

随着两国农业合作关系的确立,其合作内容和进程也都在不断地深化发展。中国农业部部长刘江率团于1997年11月访问以色列,与以色列副总理兼农业、环境部长进行会谈,为了更好地推动农业项目的合作,双方签署了《中以农业联合委员会正式会议纪要》,并决定通过中以农业联合委员会的机制以促进平等互利的农业合作。

在两国的共同努力下,农业合作项目也在逐渐增多。2001年,中以示范奶牛场正式启动;2002年8月16日,为了引进以色列先进的旱作农业技术与设施,并推动旱作农业技术产业化的发展,中以双方签订了旱作农业示范培训中心项目谅解备忘录;2004年5月10日中国国家水稻工程技术中心主任袁隆平在耶路撒冷与以色列多产种子公司签署了中以联合研发"超级杂交水稻"项目协议。② 而中以"马沙夫"农业人才培训项目也一直在为两国的农业发展培训人才。

多年以来,两国农业合作取得了突飞猛进的发展,尤其是以色列先进的技术更是给中国农业的发展带来了巨大的收益。以色列总理内塔尼亚胡在2013年5月访华期间,便与中国领导人就建立中以政府间经济技术合作机制达成共识,该机制旨在充分发挥两国各自的优势,全面规划开展两国多领域合作,其中农业技术工作组负责推动中以两国农业技术合作,合作领域涉及旱作节水农业、农产品加工、绿色防控技术等各农业领域。自中国丝路战略提出以来,双方都希望以此为契机,继续深化农业领域的合作。

2014年6月,中国农业部和以色列农业部在耶路撒冷签署了合作纪要,将双方农业合作纳入"一带一路"合作框架。中国农业部部长韩长斌在2015年8月12日,与到访的以色列农业与农村发展部部长乌里·阿里埃勒会谈中表示,中以农业互有优势、互补性强,在"一带一路"

---

① 《农业事务:双边农业关系》,以色列驻华大使馆,http://embassies.gov.il/beijing/ProjectActivities,2016年1月29日。

② 宋晓松:《中以农业合作研究报告》,《商业经济》,2009年第4期,第74页。

第五章 农业优势篇

建设框架下推进中以农业合作，具有广阔的空间与潜力。[1] 中国国务院副总理汪洋在2015年11月访问以色列时，也高度评价了两国农业合作所取得的成果，并强调双方应将农业创新合作作为今后农业合作的重要方向之一，并通过交流与合作，以实现互利共赢。[2]

除政府间交往外，两国民间农企也加强合作与交流。2017年3月19—24日，中国企业家代表团赴以色列深度考察，将主要针对农业水肥一体化技术、农业高产增产技术和现代农业的发展经验进行深入交流与合作，旨在促进中国农业产业升级，大力推进农业现代化，提升农业绿色发展和资源永续利用，增强中国农业在国际市场的竞争力。[3] 正是得益于两国政府对农业发展的高度重视，以及在农业合作领域所达成的各项共识，中以农业合作才能够快速发展。

（二）"一带一路"倡议下中以农业合作的动因

对中国而言，相较与其他国家的农业合作，中以农业合作更多的是中国"引进来"战略的实施，以色列先进的灌溉、培育良种等技术都极大地推动了中国农业的发展。中以两国在长期的实践中，积累了大量农业合作的经验，形成了广泛而良好的合作基础。如今，在"一带一路"的框架下加强中以农业合作，不仅是对两国共建丝路的丰富与支持，更促进了农业对外开放，具有重要的意义。

首先，中以农业合作的深化与发展更有助于保障中国的粮食安全。粮食作为一项关乎国计民生的生活必需品，其影响力早已不是一般人所熟知的征粮派款、租税分成那么简单，而是成为国际政治硬实力的一项

---

[1] 中华人民共和国农业部，http://www.moa.gov.cn/zwllm/gjjl/201508/t20150813_4789256.htm，上网时间：2017年7月5日。

[2] 《汪洋：中国和以色列应深化农业合作》，新华网，http://news.xinhuanet.com/world/2015-11/13/c_1284 23429.htm，上网时间：2017年7月5日。

[3] 《铺天盖地的以色列设施农业》，中以网，http://www.china-israel.cn，上网时间：2017年7月5日。

标志。① 中国作为农业大国，政府对粮食安全的高度重视，使国际资本多次企图进入粮食生产和流通领域的美梦化为泡影。但中国人地矛盾的问题依然突出，人口的持续增长势必会加大粮食需求，依靠国内农业资源保障粮食安全与资源环境承载能力的冲突日益凸显。

目前，中国土地资源的自给率只有80%，在农业资源超负荷运行、环境代价高昂的条件下，只能满足国内所需的90%的谷物等农产品，即从国际市场购买10%的国内所需农产品，相当于用国外农业资源补充20%的国内耕地资源。② 2015年，中国进口粮食超过1.2亿吨，增长17%；其中，进口大豆8169万吨，增长14.4%，而玉米、稻米、小麦三大主粮进口量分别为473万吨、335万吨和300万吨，分别增长82%、31%和0.1%。③ 为了更好地保障中国的粮食安全，中国在2014年中央1号文件中就表明，支持到境外特别是与周边国家开展互利共赢的农业生产和进出口合作。

以色列作为"一带一路"沿线的农业大国，其先进的科技水平和丰富的农业发展经验早已使其居于世界农业发展的前列。一直以来，以色列都被称为"世界新技术的中心"，其先进的节水灌溉技术、农业生物技术、培育良种技术、计算机运用技术等早已享誉世界，尤其是灌溉技术，为中国农业的发展创造价值。④ 中以农业合作有着优良的传统，中国粮食安全的维护需要借助以色列农业的先进经验。如今，在"一带一路"的框架下，继续深化中以农业合作，将有助于中国充分利用两个市场、两种资源，学习和引进以色列先进的农业科技，在立足国内努力提高粮食产量的基础上，适度进口，以便更好地防范和化解粮食进口的

---

① ［美］威廉·恩道尔著，赵刚、胡钰、旷野等译：《粮食危机》，知识产权出版社2008年版，第10页。

② 王颖梅：《程国强："一带一路"背景下的中国农业发展》，《农经》，2015年第7期，第76页。

③ 中华人民共和国农业部，http://www.moa.gov.cn/sjzz/qiyeju/dongtai/201603/t20160314_5051975.htm，上网时间：2017年7月7日。

④ 张倩红：《以色列史》，人民出版社2014年版，第395—396页。

第五章 农业优势篇

风险。

其次,以农业和合作为平台,加强中以外交关系。中以两国既没有历史遗留问题,也没有直接的利益冲突,自建交以来,两国在政治、经济、文化、外交等各领域相互交往与合作,加深了彼此间的相互了解,增进了两个民族的友谊。

近年来,随着中国的快速崛起,以及中东地缘政治结构的演变,以色列逐渐加快了"向东看"和"融入区域"的外交战略进程。一位以色列的分析家认为,现在的以色列不再需要"保护者",而需要的是"合作伙伴",它希望从一个"被保护的国家"变成一个"融入区域"的国家。[①] 而对中国而言,以色列地处亚、欧、非三大洲交汇之处的中东地区的中心,紧盯着连通印度洋和地中海的苏伊士运河,靠近石油丰富的阿拉伯半岛,对中国丝路战略具有十分重要的地缘价值。当前,美国、阿拉伯、伊朗等第三方因素对中以关系的影响越来越小,更有利于借助"一带一路"加快推进两国关系。

在两国未来的发展进程中,以色列需要中国在国际事务中对其给予帮助,中国也需要在中东发展几个支点国家,扩大在解决中东事务的话语权,而以色列就是其中一个不错的选择。中以农业合作有着良好的基础,且一直以来都深受两国政府的高度重视。在"一带一路"的框架下,中以两国可以借助良好的农业合作,深化其他各领域之前的发展,加强彼此间的交流与沟通,以农业推动两国外交的新发展。

最后,以中国为桥梁,建立以色列—中国—阿拉伯国家三方农业合作机制。阿拉伯国家作为"一带一路"倡议的重要组成部分,对丝路战略的整体实施起着关键的作用。但阿拉伯国家的粮食安全状况并不乐观,尽管各国均采取措施提高粮食产量,但人口的快速增长、资源短缺、农业技术水平不高等因素依然使其粮食安全面临着挑战。同样地处中东的

---

① 肖宪:《"一带一路"视角下的中国与以色列关系》,《西亚非洲》,2016年第2期,第107页。

以色列，早已凭借着创新开拓的意识，建立了资源节约型现代农业模式，其农业现代化成就被称为"沙漠奇迹"。但以色列和阿拉伯国家长期由于宗教、领土等问题而冲突不断，使得他们之间很难开展合作。"王者以民人为天，而民人以食为天"，有粮则稳，无粮则乱，倘若阿拉伯国家粮食危机不能得到有效的缓解，它将会影响"一带一路"倡议在中东地区推进的进程，也有可能会成为丝路战略在实施过程中的安全隐患。

中国丝路战略的提出，旨在与沿线各国构建"利益共同体"和"命运共同体"，相互合作与交流，以促进共同发展。中国可以借助"一带一路"倡议，将中以农业合作的先进经验，分享给阿拉伯国家，以推动区域农业共同发展。倘若能够在"一带一路"倡议的框架下建立起高水平的自贸区网络，以推动形成公平、合理安全、稳定的区域农产品市场体系，[①] 那么将会有助于阿拉伯国家学习先进的农业科技，缓解粮食安全给国家发展所带来的压力。同时，也能更好地确保丝路战略的实施。

（三）以色列在中以农业合作中的定位

自1992年中以两国建交以来，中以农业合作便在两国政府的共同支持下快速发展，其涉及范围几乎涵盖农业各个领域。从以色列角度来看，其在中以农业合作中的角色主要体现在以下几个方面。

第一，开展水外交，传播水技术。以色列先进的水技术早已闻名于世，其也凭借水技术开展多元的水源外交。中国和以色列一样，水资源并不丰富，随着中国人口持续增长，城市和工业用水的增多，农业用水也愈发吃紧。而以色列先进的水处理技术却能向中国传授更多经验，帮助中国提高水资源利用率。2014年11月24日，以色列经济部长贝内特宣布，山东省寿光市成为以色列水技术示范城。贝内特表示，以色列是

---

① 王颖梅：《程国强："一带一路"背景下的中国农业发展》，《农经》，2015年第7期，第77页。

第五章 农业优势篇

一个极其缺乏水资源的国家，但通过技术创新已经彻底解决了用水问题，中以双方的水合作获得的不仅是一种产品，更是一种创新理念。[①] 通过水合作，寿光市将结合运用以色列脱盐、灌溉、供水等各项水技术，探索水资源循环利用的新模式，并将取得的成功经验向中国其他地区推广，不仅可以提高水资源利用率，而且还能防止污染，确保农业灌溉用水的清洁。

第二，帮助中国减少预防粮食霉变和虫害的成本。按照中国"十三五"规划所提出的要求，要重点促进绿色发展、着力改进投资环境、提高农业产出和效率，加大对粮食安全和可持续生态的投入，力争到2021年实现"小康社会"的总目标。随着中国农业的现代化发展，要实现"十三五"规划的目标，中国必须要减少预防农产品损失的高成本，即减少在防霉和防治虫害方面的投入，确保农业生产不受影响。以色列在解决这些问题上就很有成效，通过创新提供了一个低成本的解决方法，既能够预防粮食发霉和虫害，又可以增加粮食产量，这为中国粮食产量的可持续性增长提供了一个有效的解决办法。

第三，通过技术创新为中国治理荒漠化提供可行性方案，确保耕地免受侵蚀。时任联合国秘书长的潘基文曾在2016年6月的防治荒漠化和干旱世界日上表示，"在未来25年内，土地退化有可能使全球粮食产量下降12%，世界粮价上升30%。"倘若没有一项长期解决办法，荒漠化不仅会影响粮食供应，而且还会刺激迁徙，危及多个国家和地区的稳定。"[②] 中国国务院副总理汪洋和国家林业总局也都认为荒漠化问题必须给予重视，加强中以双方的合作与沟通十分必要。此外，据国家林业总局表示，"一带一路"倡议会经过中国受荒漠化严重影响的七个省份，且这些省份多位于中国干旱的西北地区，也是中国95%的沙漠所在地。而随着荒漠化面积的日益扩大，造成地下水位持续降低，农业生产受到

[①] 《山东寿光市成以色列水技术示范城》，人民网，http://scitech.people.com.cn，上网时间：2017年6月5日。

[②] 中华人民共和国商务部：http://www.mofcom.gov.cn，上网时间：2017年6月5日。

损害。因此，中国必须采取相应的措施，减缓荒漠化对农业的威胁。以色列在遏制荒漠化方面经验丰富，其周密的政策协调和一体化的创新技术解决方案可帮助指导中国政府提出应对荒漠化的可行办法。为此，两国的合作可以在建立现有的学术和外交关系的同时为战略对话提供媒介。同时，中以两国合作应对荒漠化，是各国相互学习实践经验和方法、减缓耕地免受侵蚀、解决亚洲乃至世界荒漠化问题的一面镜子，也为"一带一路"内部有效的荒漠治理奠定基础。

第四，高效的农业管理模式为中国所借鉴。鉴于中国对农产品需求的急剧增加，在农业生产中，运用以色列高效的农业管理技术也是一个很好的提高农业产量的途径。为达到中国第十三个五年计划所提出的发展目标，国内农业生产产量必须快速增加，而以色列科技公司可以区分作物管理和水管理应用，为农业生产中的难题提供直观的解决办法，对中以两国来说是一种双赢。中国可以在农业市场上整合利用新的农业创新策略增加粮食产量，学习新的农业生产方法；而中国市场的规模和需求呈现出一种很好的景象，这对以色列经济发展也具有很强的吸引力，以色列可以借助其成功经验进入中国市场，获得经济收益。

以色列在中以两国农业合作中的作用已愈发凸显，其先进的技术可以在农业生产的各个领域给予中国帮助。从中国角度来看，投资以色列开发的农业创新科技是一种双重收益，既推动农业发展，又促进高层学术和技术对话。中国丝路战略的一个关键因素就是建立对等关系，农业技术为增进两国交往提供了一个非政治性因素。在形成以战略关注为核心基础的关系方面，以色列和中国有机会为两国人民提供实际的效益，加强两国间的合作。农业合作就提供了一个这样的通道，促进两国思想和产品的交流，加强两国紧密的关系。随着"一带一路"倡议的提出，中以农业深化合作又有了新的契机。

第五章 农业优势篇

(四)"一带一路"倡议下中以农业合作的前景

据中国国家发改委、外交部、商务部联合发布的《推动共建丝绸之路经济带和21世纪海上丝绸之路的愿景与行动》表明,中国将在坚持开放合作、和谐包容、市场运作和互利共赢的原则上,加强双边合作,开展多层次、多渠道沟通磋商,推动双边关系全面发展。以色列对中国所倡导的丝路战略给予了高度评价,双方于2013年10月正式签订的"红海—地中海"铁路项目,将使得陆上丝绸之路和海上丝绸之路完美结合,是以色列积极参与丝路战略的最重要的表现。中以农业合作将会在此框架下,不断地深化与发展,"一带一路"倡议将为中以农业合作增添动力。

首先,"一带一路"倡议有助于中国各省会学习并利用以色列先进的农业技术,从而强化与以色列的农业合作。早在"一带一路"倡议提出之前,以色列先进的节水灌溉技术就被引入中国,被用于陕西、甘肃、宁夏等西北地区的节水农业的发展。此外,湖南省益阳市和黑龙江省政府也分别于2007年和2009年与以色列就畜牧业的发展达成意向。[①]

以色列农业技术在中国得以推广,并得到了广泛的认可,越来越多的省份开始与以色列建立农业合作关系。2014年5月,湖北省省委书记张昌尔率代表团访问以色列,就开展淡水养殖合作签订了协议。[②] 2016年4月,宁夏与以色列外交部农业合作中心达成协议,在宁夏农垦集团平吉堡农场建设现代农业技术合作示范核心区,提高宁夏农业现代化水

[①] 张倩红:《以色列发展报告》,社会科学文献出版社2015年版,第330页。
[②] 《张昌尔率团访以色列深化鄂以合作发展现代农业进行交流》,《湖北日报》,2014年5月14日,第1版,转引自张倩红:《以色列发展报告》,社会科学文献出版社2015年版,第330页。

平。① 截至2015年年初，中国多个省份都与以色列建立了农业合作关系。②

其次，"一带一路"倡议促进中以农企之间的交流与合作。自丝路战略提出以来，中国越来越多的企业开始走出国门，加强同外企合作，谋求国际化的发展道路。就中以农业合作而言，中以农企之间的深入对话，将会促进企业之间搭建合作交流的平台。

2015年6月28日，中国新型肥料生产龙头企业金正大集团与以色列利夫纳特集团、以中农业交流合作中心、以色列瑞沃乐斯公司就中以现代农业合作签署了一系列协议，将会在搭建中以现代农业交流培训平台、现代农业技术综合示范平台等方面开展深入合作，象征着中以农业合作正向深度扩展。此外，金正大还与以色列最大的灌溉设备公司耐特菲姆公司达成战略合作，以便更好地引进先进的技术，推动水肥一体化技术在中国扎根。

除了金正大之外，更多的农企也都希望以丝路战略为契机，同以色列大型农企进行交流，以实现互利共赢。"一带一路"倡议将为中以农企之间的合作提供了更多政策上的保障，双方企业可以充分利用各自的优势，在农业灌溉、施肥等各领域开展项目。此外，中以农企间的交流与合作，相较政府而言，会较少地受到政治因素的困扰，双方更多的是以利益为基础，这更加有利于彼此间农业项目的开展。

最后，"一带一路"倡议为中以农业深化发展提供良好的基础设施。基础设施的互联互通是"一带一路"建设的优先领域，中以双方通过合作提供资金、技术和市场，为深化中以农业发展与实现双赢提供公共产品平台。良好的基础设施对未来中以农业扩大合作领域与扩展合作项目而言，具有至关重要的作用。基础设施的完善将会为大型的农业合作项目提供良好的投资基础。

---

① 《宁夏—以色列现代农业技术合作项目落户平吉堡农场》，人民网，http://nx.people.com.cn/n2/2016/0404/c192482-28073575.html，上网时间：2017年6月6日。

② 张倩红：《以色列发展报告》，社会科学文献出版社2015年版，第329页。

第五章 农业优势篇

此外，良好的基础设施也会推动中以农产品贸易的发展。农业产品具有很强的时效性，尤其是保鲜期较短的产品，需要高效的物流体系和完善的交通基础设施。在"一带一路"倡议的框架下，中以两国会加大对公共产品的投资，努力实现设施联通，为两国农业的长远发展提供更加便利完善的设施保障。

（五）中以农业合作面临的风险

诚然，以色列拥有先进的科学技术和丰富的农业发展经验，中以农业合作也在两国政府、企业等多层次的共同努力下取得了丰硕的成果。但是由于以色列所处的地理位置以及面临的宗教领土等问题，使得中以两国在加速推动农业合作的过程中，不得不考虑影响合作的政治风险。

第一，巴以问题悬而未决。巴以冲突一直都是影响地区安全的一个主要因素。内塔尼亚胡上台后，对巴勒斯坦建国一直采取强硬的态度，企图希望以自治来代替建国，剥夺了未来巴勒斯坦人民寻求建立独立国家的权利，遭到了巴勒斯坦的反对。中国一贯主张双方放弃武力停止对抗，希望通过对话和谈判的方式解决冲突。以色列和阿拉伯国家都是"丝绸之路经济带"沿线的重要国家，中国对巴以问题的态度和立场，直接关系到在推进"一带一路"倡议的过程中能否和各方都保持友好的关系，也是丝路战略实施过程中中国所面临的主要问题。尽管巴以问题属于政治问题，但如若中国没能很好地协商处理，以色列很有可能在向中国传播农业技术时有所保留，影响双方的交流与合作。

第二，以色列国内对华关系存在着不同的声音。中国的快速发展引起了以色列的高度关注，在对华关系上以色列国内存在着不同的看法。一种看法认为以色列应该更加主动地加强同中国的关系，深化合作互利共赢。而另一种看法则是对中以发展存在着顾虑和猜忌。尤其是中国的知识产权保护现状使一些以色列人担心，大量的中国企业投资和收购以色列企业以及科研院所间的合作会造成以色列一些核心技术资源的流失。[①] 目前这种担忧在以色列依然存在，尤其是对中以农业合作而言，由于中国一直引入以色列先进的农业技术，如果不能消除一部分以色列人的顾虑，将会影响中以农业合作的长远发展。

第三，美以关系常成为中以关系的掣肘性因素。当今世界，国与国之间的往来早已超出了双方能力的范畴，利益的驱使、地区间的压力以及国际舆论都会使两国关系变得更加复杂。中以两国本没有根本性的利益冲突，但美国的存在却是一个影响两国关系的挥之不去的因素，这从中以建交的历程中便可看出。在特朗普上台之后，美以关系走出了奥巴马时期的低谷期，两国盟友关系也在逐渐强化。中国若想在推进"丝绸之路经济带"建设的过程中，不断强化同以色列的合作与发展，那么美国因素则必须要考虑其中。

（六）中以农业合作的前景展望

尽管政治因素会在一定程度上影响中以农业合作，但两国农业合作的前景依然很光明。自中以农业合作以来，两国都取得了丰硕的成果，获得了较好的经济利益。一方面，中国引进了以色列先进的农业技术和农业产品，不仅提高了中国农业的整体技术水平，增加了粮食产量，而且也通过双方的合作项目为中国农业发展培养了优秀的技术人才；另一方面以色列成功开拓了中国市场，扩大了其农产品出口的渠道，同时也推动了以色列农业技术不断地更新与换代。中以农业合作具有良好的历史基础和无限的发展潜力，"一带一路"倡议的提出，将会使两国农业具有更加广阔的前景。

首先，中国在为以色列提供广阔市场的同时，应着重引进以色列先进的农业技术，培养中国的科技人才，推动中国农业的现代化发展。先

[①] 穆春唤：《以色列对华创新合作关系评析》，《传承》，2015年第3期，第136页。

第五章 农业优势篇

进的技术是以色列农业闻名于世的关键,其水源灌溉、水资源开发利用等技术都对中国农业的发展有巨大的作用。在未来的中以农业合作中,中国应该充分利用其广阔的市场、强大国际影响力等优势,来换取以色列农业更加先进的技术,推动两国间农业技术更高层次的合作。此外,中国不能仅停留在引进技术的层面,要更多地培养自己的农业人才,要深入研究并分析以色列的先进技术,创造更多符合中国农业发展的科技设备。

中以两国在丝路战略下的合作,犹如以色列总理内塔尼亚胡于2013年12月在耶路撒冷与中国外交部部长王毅举行的联合记者会上所说的:"我们的力量形成互补。中国有巨大的工业影响力和全球影响力,以色列则在所有高科技领域都有先进的技术。"[1] 尽管中国更需要以色列的先进农业技术,但不应受此限制,要变被动为主动,实现强强联合、优势互补,才是中以农业合作的长远发展之策。

其次,在农业合作过程中,在两国高层不断加强交流与沟通的同时,要更加注重两国企业间的沟通。国家高层间的互访与交流更多确立的是农业发展的大方向或实施的整体框架,为农业发展提供政策性的保障,相较两国企业间的合作,分歧较少。而企业间的合作会涉及更多细节问题,比如技术的运用、管理组织的运行等。双方企业在合作过程中,应就更多具体的细节积极探讨,应对合作中出现的问题给予高度的重视,努力做到合作共赢、共同发展,通过企业间的合作带动两国农业领域的深度发展。

最后,加快中以农业合作进程与扩展农业合作领域,推动中国农业全球战略的实施。中国将会借助"一带一路"倡议发展农业全球战略,以服务于保障中国粮食安全和重要的农产品供给。以色列凭借其先进的科技水平跻身于世界农业强国,中国农业全球化战略的实施离不开以色

---

[1] 《美刊:中国竞争以色列"红海—地中海"项目》,《参考消息》,http://china.cankaoxiaoxi.com/2014/0303/354507.shtml,上网时间:2017年6月23日。

列的支持。中以农业在未来的合作中，需在保持先前良好合作基础的同时，扩大合作领域，加强高层次的科技合作，同时，两国政府也应为企业提供政策上的优惠，推动企业在农业方面实现多领域、多层次的交流与合作。

农业是国民经济的基础，对各国的发展都起着举足轻重的作用。但一些国家为追求经济效益，多采取重工轻农的发展战略，忽视对农业的投资，这种做法其实是本末倒置，往往会影响国民经济的整体发展。而以色列在建国之初，就认识到了农业在国家发展战略中的重要性，并将农业作为政府工作的重点，加大对农业的财政投入，制定各项优惠的发展政策，用先进的科学技术摆脱不利的自然因素的束缚，实现了粮食的自给自足。在"一带一路"倡议的背景下，农业合作和重要性越发凸显。为此，中以两国更应该以丝路战略为契机，以国家农业合作为基础带动整个地区的农业繁荣，共同实现2030可持续发展的宏伟目标。

附录

中以建交以来的双边重要往来

中方	年份	以方	年份
国务委员兼外长钱其琛	1992	副总理兼外长利维	1992
副总理邹家华	1994	总统赫尔佐克	
外经贸部长吴仪	1995	外长佩雷斯	1993
国务委员兼国家科委主任宋健		总理拉宾	
中共中央政治局委员、书记处书记温家宝	1997	议长丹·蒂宏	1996
副总理李岚清		副总理兼外长利维	1997
副总理兼外长钱其琛			
国务委员兼国防部长迟浩田	1999	总理内塔尼亚胡	1998
全国人大常委会委员长李鹏		国防部长莫迪凯	
中联部部长戴秉国		总统魏茨曼	1999
国家主席江泽民	2000	地区合作部长佩雷斯	2000
		副总理兼外长佩雷斯	2002
国务委员唐家璇	2004	总统卡察夫	2003
外交部长李肇星	2005	副总理兼工贸部长奥尔默特	2004
中联部部长王家瑞		副总理兼外长沙洛姆	
中共中央政治局委员、北京市委书记刘淇	2006	总理奥尔默特	2007
		副总理兼运输和道路安全部长莫法兹	
		副议长瓦哈比	
		第一副总理兼外长利夫尼	

· 193 ·

续表

中方	年份	以方	年份
中共中央政治局委员、中宣部部长刘云山	2008	副总理兼工贸和劳动部长伊沙伊	2008
		总统佩雷斯（出席奥运会开幕式）	
国新办主任王晨	2009	议会外交与国防委员会主席哈内戈比	2009
		科技部长赫什科夫维奇	
外交部长杨洁篪		前总理奥尔默特	
国务院副总理回良玉	2010	副总理兼战略事务部长亚阿隆	2010
全国政协副主席、统战部部长杜青林		社会事务部长赫尔佐克	
全国政协副主席、科技部部长万钢		财政部长斯坦尼茨	
中共中央政治局委员、天津市委书记张高丽		工贸部长本—埃利泽	
商务部长陈德铭	2011	副总理兼国防部长巴拉克	2011
文化部长蔡武			
中央军委委员、总参谋长陈炳德			
全国人大常委会副委员长周铁农	2012	副总理兼外长利伯曼	2012
		国防军总参谋长甘茨	
		交通部长卡茨	
全国政协副主席陈宗兴		工贸部长辛鸿	
		公安部长阿罗诺维奇	
全国政协副主席韩启德	2013	总理内塔尼亚胡	2013
民用航空局局长李家祥		经济部长本内特	
中共中央政治局委员、书记处书记、中宣部部长刘奇葆		国家经济委员会主席坎德尔	
外交部长王毅			
国务院副总理刘延东	2014	总统佩雷斯	2014
农业部长韩长赋		旅游部长兰道	
		社会事务与服务部长科恩	
		教育部长皮隆	
		经济部长本内特	

附录　中以建交以来的双边重要往来

续表

中方	年份	以方	年份
浙江省省长李强 全国政协副主席王正伟 中央军委委员、总后勤部长赵克石 云南省委书记李纪恒 全国政协副主席孙家正 国务院副总理汪洋	2015	外长利伯曼 总检察长魏恩施泰因 副总理兼内政部长沙洛姆	2015
国家发展改革委副主任宁吉喆 国务院副总理刘延东 全国人大常委会委员长张德江 习近平主席特使、全国政协副主席兼科技部长万钢	2016	能源部长斯坦尼兹 议长埃德尔斯坦	2016
国家主席习近平 国务院总理李克强 中国中东问题特使宫小生	2017	总理内塔尼亚胡 经济与产业部部长艾里·科恩 环境部长泽埃夫·埃尔金 卫生部长雅科夫·利兹曼 内阁大臣扎齐·布拉沃马 外交部副总司长达甘	2017

备注：根据中华人民共和国外交部网站资料整理。

后 记

本书是我在陕西师范大学历史文化学院博士后流动站在站工作期间，在导师何志龙教授的指导下，主持教育部国别和区域研究2016—2017年度指向性课题"以色列在'一带一路'建设中的角色与前景研究"（17GBQY118）、陕西省教育厅2015年重点科研计划项目"多边合作视野下的丝绸之路经济带组织制度建设研究"（15JZ077）的阶段性成果。

以色列位于连接亚、非、欧三大洲的战略要地，总人口约860万人，国土实际管辖面积约2.57万平方千米，"丝绸之路经济带"和"21世纪海上丝绸之路"在此交汇，使其成为我国"一带一路"倡议途径中东地区的重要节点国家。从宏观的地区角度来看，中东地区是"一带一路"通往欧洲和非洲"绕不开"的枢纽，中东地区的繁荣与稳定是"一带一路"顺利推进的区域保障；从中观的国家角度来看，在当前时期中东地区国家普遍动荡的背景下，以色列作为域内屈指可数的稳定国家和发达国家，是"一带一路"在中东地区开花结果的可靠选项；从微观的社会角度来看，2017年中以建交25周年进一步推动了两国民众的交流互动，负担较少的中以民间交往是深化"一带一路""民心相通"的天然土壤。可以说，以色列是"一带一路"在中东地区最值得经营的节点国家之一，关系到"一带一路"在中东乃至更广大区域建设及顺利推进的成效。因此，了解并认识以色列在我国推进"一带一路"建设中的角色和前景，具有极其重要的现实意义。

后 记

这本书构思、调研、写作的过程，是我作为一个从事中东研究的年轻学者的学习、积累和检验的历程。此中工作，饱含了对很多人的感激之情。2014年进入西北大学中东研究所工作之前，我在韩国度过了将近八年的海外求学生涯，主要研究方向为国际关系理论和东北亚地区安全。因此，专业逐步朝中东研究方向调整，对我来说是非常大的挑战（事实证明其困难程度远超预前想象）。为了更快地融入中东研究的学术氛围，更好地打下新科研方向的扎实基础，在同事也是学术前辈的李福泉老师的推荐下，我鼓起勇气向陕西省师范大学历史文化学院博士后流动站申请入站，并有幸成为何志龙教授门下弟子。何老师不仅是我博士后研究工作的指导教授，更是时常关心我生活的和蔼长辈和为我在困难遭遇前开导释怀的人生导师。对此，我既万分感激，又无限愧疚。坦诚地讲，我是何老师师门中最不成器的学生。由于对研究方向的转型问题所带来困难的估计不足，入站以来，我以复杂科学为视角的国际关系理论研究议题没有获得任何博士后基金面上资助，论文发表也没有进展；这种有辱师门的现实状况令我心急如焚。对此，何老师没有批评、埋怨我的工作，而是循循善诱地为我指出方向，令我及时调整思路和工作心态，并按照我的研究特点和学术特长，指导我以国别研究为突破口，聚焦以色列研究问题。在工作单位西北大学中东研究所王铁铮教授、黄民兴教授、韩志斌教授和其他前辈同事的帮助下，我在日常工作中奋力积累以色列研究资料的研习心得，前后两次前往以色列开展进修和实地调研工作，不断加强同以色列科研机构和专家学者的交往，并和以方研究伙伴在以色列境内进行了第一次面向以色列社会关于中国和"一带一路"倡议的专题问卷调查，形成了本书构思和写作的基础。

这期间，我的家人和朋友一直默默地支持着我的工作，我亦深表感激。我的妻子吴骁斐和小姨韩丽华，为了更好地照顾家庭，辞去了工作，在家中负担着两个年幼的孩子和两双患病的父母的重担。我的母亲韩秀华，含辛茹苦地养育我、爱护我，是我的一切。我因工作之故，往往无法照顾家中亲人的生活与感情，对此深感不安；但家人却从未因此对我提出抱怨和指责，而是竭尽可能地给我创造相对宽松的工作环境和生活依靠，我亦对此感动。我的好友邢紫东、李茂智、张鹏、张俊和王晶波，对我的生活和家庭不遗余力地帮助和无微不至的关心，令我十分感动。没有家人和朋友的理解与支持，我个人是无论如何也无法完成这本书以及其他任何科研工作成果的。

我的学生李开龙、张帅、成飞、陈利宽、刘博和线凤阳，不仅同我一起收集整理了大量关于本书各章议题的科研资料，而且还承担了本书各部分内容的写作和校对工作。我对他们的辛勤劳动和刻苦精神表示由衷地感谢！

另外，本书还得到了以色列特拉维夫大学摩西达扬研究中心、耶路撒冷公共事务中心、巴尔伊兰大学贝京萨达特研究中心、以色列国家安全与战略研究中心和中以学术交流促进会（SIGNAL）等以方学术伙伴的大力支持。尤其是在中以学术交流促进会（SIGNAL）魏凯莉（Carice Witte）女士的帮助下，本书获得了大量以方研究成果的使用授权，也更加便利地实现了赴以实地调研，为本书精确地研究以色列在"一带一路"建设中的角色与前景，提供了可靠保障。同时，本书在写作过程中还参考引用了国内学者的专著和论文，由于篇目繁多，不能在此一一列举，谨向所有前辈老师表示深切谢意！

最后，我还要特别感谢时事出版社的编辑老师们，他们为本书的顺利出版和质量保证提出了许多宝贵的意见并做了大量令人致敬的工作，在此表达衷心的感谢和诚挚的敬意。

李玮

2017 年 11 月于西安